跟大师学语文

怎样学习文言文

张中行 / 著

中华书局

图书在版编目(CIP)数据

怎样学习文言文/张中行著. —北京：中华书局，2017.1
(2022.12重印)
(跟大师学语文)
ISBN 978-7-101-12181-0

Ⅰ.怎… Ⅱ.张… Ⅲ.文言文-中小学-教学参考资料
Ⅳ.G634.303

中国版本图书馆 CIP 数据核字(2016)第 235996 号

书　名	怎样学习文言文
著　者	张中行
丛书名	跟大师学语文
责任编辑	聂丽娟
责任印制	管　斌
出版发行	中华书局
	(北京市丰台区太平桥西里 38 号　100073)
	http://www.zhbc.com.cn
	E-mail:zhbc@zhbc.com.cn
印　刷	三河市宏达印刷有限公司
版　次	2017 年 1 月第 1 版
	2022 年 12 月第 6 次印刷
规　格	开本/700×1000 毫米　1/16
	印张 13½　字数 120 千字
印　数	29001-34000 册
国际书号	ISBN 978-7-101-12181-0
定　价	32.00 元

"跟大师学语文"丛书
出版说明

这套丛书收录了《文章作法》《文话七十二讲》《文章讲话》《怎样写作》《语文随笔》《略读指导举隅》《精读指导举隅》《怎样学习文言文》《怎样作文》等关于语文学习的指导性名著。它们的作者就是著名的语文教育大师夏丏尊、叶圣陶、朱自清、张中行等先生。这就是丛书名的由来。

夏丏尊先生（1886—1946）、叶圣陶先生（1894—1988）、朱自清先生（1898—1948）、张中行先生（1909-2006）是我国著名的教育家和文学家，他们都把毕生精力投入祖国的新文化建设和教育事业之中。尤其是在20世纪的30年代，身为开明书店总编辑的夏丏尊先生创办了《中学生》杂志，叶圣陶先生任杂志主编。这本杂志以先进的文化思想、丰富的科学知识教育中学生，在中国语文教学方面，下力尤深，成果卓著，被几代中学生视作良师益友，在文化界、教育界和出版界有口皆碑。多年的教学实践和理性思考，使他们在中学语文教学的各个方面都有突出的建树，留下许多精彩的著作，这套丛书选录的就是其中的精粹。

《文章作法》由开明书店1922年出版。原为夏丏尊先生在长沙第一师范和白马湖春晖中学的讲义稿，后经教育家刘薰宇先生（1896—1967）结合自己的教学实践修改编辑而最后成书。其特点是根据不同的文体，着重介绍语文知识和写作技巧，便于中学生提高实际写作能力。

《文话七十二讲》则源自于夏丏尊、叶圣陶两位先生编写的《国文百八课》。20世纪30年代，两位先生因不满当时的语文教学和使用的课文"缺乏客观具体的科学性"，着手编撰了一套供初中学生使用的语文教材。因初中共六个学期，每学期上课十八周，一共一百零八周，所以这套按照一百零八周来顺序设计教学内容的课本，就定名为"国文百八课"。每一课包括"文话"（阅读写作指导）、"选文"、"文法修辞常识"和"习问"（练习和问题）四部分，形成一套完整科学的初中语文教学体系。可惜因抗日战争爆发，《国文百八课》只出版了四册，成七十二课，就不得不中断了。吕叔湘先生认为，这套课本的"最大特色"同时也是"编者用力最多的部分"，就是"文话"。所以，这本《文话七十二讲》就是从《国文百八课》中抽出的单行本。用七十二个主题，分别结合阅读，主讲文章的写作方法。

《文章讲话》一书收录了夏丏尊、叶圣陶两位先生有关文章写作的十篇文字。前七篇是1935—1937年在《中学生》杂志《文章偶话》栏目中连载的；后三篇是夏先生利用1937年暑假赶写的，但因上海"八一三"抗战爆发，而未能刊登。直到1938年，开明书店才结集出版。

《怎样写作》是叶圣陶先生有关写作的文章专集，共收录了二十一篇长短文字。他集数十年写作经验，多角度多侧面地讲述了写作成功的诀窍和失败的根源，精义迭出。

　　《语文随笔》则是叶圣陶先生有关中学语文教学的随笔集，共收录了十四篇文章，能够比较完整地体现叶圣陶先生关于语文教学的看法和见解。

　　《略读指导举隅》是叶圣陶、朱自清两位先生合作编写的中学国文教学指导用书。1943年初版印行于四川。略读作为精读的补充，在教学中常被忽略。本书阐明了略读的含义，略读应注意的问题、方法等。通过实例来说明略读对培养学生阅读习惯和写作技巧的作用。

　　《精读指导举隅》一书侧重于精读指导。书中选用六篇文章作例子，叙述文、短篇小说、抒情文、说明文、议论文等皆有涉及。指导大概中分析文章、提示问题的态度和方法特别值得注意。具体实例中的说明和联想翔实有效，可谓"纤屑不遗，发挥净尽"，对当下的语文教学有现实指导作用。

　　《怎样学习文言文》中的文章成书于上世纪八十年代，张中行先生以其五十余年从事语文教学及编辑工作的学养，亲切平易地介绍了文言的相关知识，把讲文言或学文言时所可能遇到的困难，给读者一一指明，并且告诉读者怎样去克服。正如一个有经验的障碍跑运动员指点后来者怎样通过那花样繁多的重重障碍，为初学文言者指明了门径。

《怎样作文》是张中行先生所著的一本关于如何写作的书，是一位与语文打了半个多世纪交道的行家对自己写作经验和体会的总结。对有关作文的各个方面加以剖析和论证，语言亲切，道理平实，教者与学者均可从中获益。

这套书篇幅都不大，但毫无疑问都是中学语文学习、教学的经典，就像朱自清先生对《文心》的评价一样，"不独是中学生的书，也是中学教师的书"，而且常读常新，对于当前的语文学习、教学更具有极大的启发性。经典是不会过时的。

中华书局编辑部
2017 年 1 月

目 录

1	第一章　何谓文言
13	第二章　文言如何形成
29	第三章　文言的特点
88	第四章　名物种种
96	第五章　费解一斑
107	第六章　择善而从
121	第七章　舍粗取精
132	第八章　冷暖自知
143	第九章　循序渐进
154	第十章　行文借鉴
163	附录一　工具书举要
185	附录二　古书如何读法（胡怀琛）
193	附录三　《论语》《孟子》读法（梁启超）

第一章 何谓文言

一 文言与白话有别

一本书或一部书，一段话或一篇文章，甚至短到一句话，是文言还是白话，一般说，常识是容易分辨的。例如：

（1）滁于五代干戈之际，用武之地也。昔太祖皇帝尝以周师破李景兵十五万于清流山下，生擒其将皇甫晖、姚凤于滁东门之外，遂以平滁。修尝考其山川，按其图记，升高以望清流之关，欲求晖、凤就擒之所，而故老皆无在者。盖天下之平久矣。自唐失其政，海内分裂，豪杰并起而争，所在为敌国者何可胜数？及宋受天命，圣人出而四海一，向之凭恃险阻，划削消磨，百年之

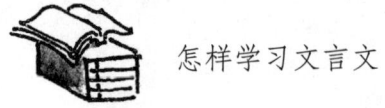

怎样学习文言文

间,漠然徒见山高而水清,欲问其事而遗老尽矣。

(欧阳修《丰乐亭记》)

(2)话说大宋高宗绍兴年间,温州府乐清县有一秀才,姓陈名义,字可常,年方二十四岁。生得眉目清秀,且是聪明,无书不读,无史不通。绍兴年间,三举不第,就于临安府众安桥命铺,算看本身造化。那先生言:"命有华盖,却无官星,只好出家。"陈秀才自小听得母亲说,生下他时,梦见一尊金身罗汉投胎,今日功名蹭蹬之际,又闻星家此言,怨一口气,回店歇了一夜,早起算还了房宿钱,雇人挑了行李,迳来灵隐寺投奔印铁牛长老出家,做了行者。

(《京本通俗小说·菩萨蛮》)

(3)然而言者,犹风波也,激荡既已,余踪杳然,独恃口耳之传,殊不足以行远或垂后。

(鲁迅《汉文学史纲要》)

(4)迎神赛会这一天出巡的神,如果是掌握生杀之权的,——不,这生杀之权四个字不大妥,凡是神,在中国仿佛都有些随意杀人的权柄似的。

(鲁迅《朝花夕拾·无常》)

例(1)(2)都是宋代作品,例(3)(4)是现代并且是同一个人的作品,可是稍有看文经验的人都能够知道,(1)(3)是文言,(2)(4)是白话,而且不会有人不同意。这样断定的根据是什么?是文言和白话,各有各的行文习惯,或说得具体些,一部分词汇和句法有独占性,不通用。例如词汇方面,"按其图记"的"按",白话不用,"还了房宿钱"的"还",文言不用;更明显的是虚词,表完成,文言不用"了",白话不用"矣"。句法方

第一章　何谓文言

面也有这种情况，如"何可胜数"的说法，白话不用，"姓陈名义"的说法，文言不用。这类不通用的说法好像京剧角色的穿戴，有表现主人身份的作用，主人是什么人物，常看京剧的人可以一望而知。因此，我们可以说，就通常的情况说，文言和白话的界限总是泾渭分明的。

但这是通常，不是处处如此。吕叔湘先生于1944年写了一篇论文，题目也是《文言和白话》（刊于《国文杂志》3卷1期，后收入1983年商务印书馆出版的《吕叔湘语文论集》），在文章第二部分的开头，他举古籍中的十二段文字为例，说明有时候，文言和白话的界限并不清楚。这十二段文字，哪些应该算文言，哪些应该算白话，请他的一些朋友看，意见不一致；甚至同一个人，初看和再看，对于有些段，意见也不一致。以下是十二段文字中的（5）和（6）。

（5）臣以今月七日，预皇太子正会，会毕车去，并猥臣停门待阙。有何人乘马，当臣车前，收捕驱遣命去。何人骂詈，收捕谘审欲录。每有公事，臣常虑有纷纭，语令勿问，而何人独骂不止，臣乃使录。何人不肯下马，连叫大唤。有两威仪走来击臣收捕。尚书令省事倪宗又牵威仪手力击臣下人。宗云："中丞何得行凶，敢录令公人？凡是中丞收捕，威仪悉皆缚取。"臣敕下人，一不得斗。凶势辀张，有顷乃散。

（《宋书·孔琳之传》，奏劾徐羡之）

（6）景宗谓所亲曰："我昔在乡里，骑快马如龙，与年少辈数十骑，拓弓弦作霹雳声，箭如饿鸱叫。平泽中逐獐，数肋射之；渴饮其血，饥食其肉，甜如甘露浆。觉耳后风生，鼻头出火。此乐使人忘死，不知老之将至。今来扬州作贵人，动转不得。路行开车幔，小人辄言不可。

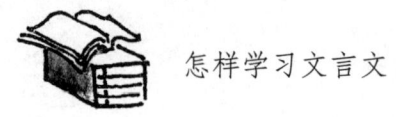
怎样学习文言文

闭置车中,如三日新妇。遭此邑邑,使人无气。"

(《梁书·曹景宗传》)

像这样的文字,我们看了,印象会是半文半白,不文不白,也就是算文言算白话都有困难。但是,文言和白话终归是不同的语言,应该能够分作两个集团。分,要有标准,或说是,所分的类都应该有明确的定义。关于定义,白话的容易,是已经有文言的时候,照或基本上照当时口语写的文字。文言的不那么容易,因为不能单纯地靠有时间性的口语解决问题。

二 文言难于定义

有不少事物,常常是看来清楚,一思就出现问题,再思就问题更多。文言就属于这类事物,它指什么,具有什么性质,好像都清清楚楚,可是想用一两句话说明它,也就是给它下个定义,却很不容易。不容易,是因为有些路看来可以通行,细想却又是布满荆棘。

(一) 以脱离当时口语为标准有例外

最容易想到的一条路是"脱离口语"。这同"文言"一名的意义相合,文是文绉绉是只见于文章,都表明它不同于口语。可是口语有时间性,以脱离口语为定义,我们必须先确定口语的时间性。一种最合情理的想法是指当时的口语。但这会碰到两个困难。其一,请看下面的文字:

(1) 王曰:"格尔众庶,悉听朕言。非台小子,敢行称乱,有夏多罪,天命殛之。今尔有众,汝曰,我后不恤我众,舍我穑事,而割正夏。

第一章　何谓文言

予惟闻汝众言,夏氏有罪,予畏上帝,不敢不正。今汝其曰,夏罪其如台。夏王率遏众力,率割夏邑,有众率怠弗协,曰,时日曷丧,予及汝皆亡。夏德若兹,今朕必往。""尔尚辅予一人,致天之罚,予其大赉汝。尔无不信,朕不食言。尔不从誓言,予则孥戮汝,罔有攸赦。"

（《尚书·汤誓》）

（2）子曰:"吾十有五而志于学,三十而立,四十而不惑,五十而知天命,六十而耳顺,七十而从心所欲,不逾矩。"……子曰:"吾与回言终日,不违如愚;退而省其私,亦足以发,回也不愚。"

（《论语·为政》）

两段都是记言,前一段,即使不全是商初的言,也总是周早期的言;后一段,即使不全是春秋末的言,也总是战国初的言。看语气,又都是描摹说话,不是作文章。这样,我们就有理由推断,这和当时的口语,即使未必合一,也总是很接近。如果我们以"脱离当时口语"为文言的定义,显然,我们只好说这两例的文字是白话。但这就必须放弃我们千百年来死抱住不放的旧看法——说这是文言。任何人都知道,这是做不到的。其结果就是,我们不能不承认,有的文言并不脱离当时的口语。有人也许会说,这样定义即使有少量例外,但大体上是对的。情况也确是这样,因为在我们的文献库存里,中古以前,不脱离当时口语的实在是凤毛麟角。不过我们这里是说定义,定义的内容要无往而不适用,只是"大体上",容许例外,那就不成其为定义。其二,假定我们为了维护定义的完美性,连千百年来死抱住不放的旧看法（即说《尚书》《论语》之类是文言）也放弃,那就还有个困难,也不容易克服,就是,给古白话和文言在时间上划个界限。例如说《论语》不是文言,也是记言体的《孟子》呢？这里最麻烦的是,我们

 怎样学习文言文

只知道,书面上的文字,从商周下传,同口语的距离逐渐由近而远,而不能确切知道,某一时期(如写《左传》的时候)远到什么程度,以及远到什么程度才可以算作文白分家。不能确知,这个脱离当时口语的定义就苦于是尺而有时(如战国时期)量不准。

(二) 以不同于现代语为标准有例外

近年来,我们常常把文言和现代语看作对立的两种语言;有时用带点学术味道的名称,现代汉语—古代汉语,那对立性就更为明显。这样对立并举,意思大概是,现代汉语是现代人用的,古代汉语是古人用的,两者迥然不同。"不同"有程度深浅的分别:深可以深到全不通,如汉语和外语;浅的只是不全通。显然,文言和现代汉语的差别只是不全通。如果是这样,我们就不能不想到一些文献材料,如:

(1)正见慈母独坐空堂,不知儿来,遂叹言曰:"秋胡汝当游学,元期三周,何为去今九载?为当命化零落?为当身化黄泉,命从风化?为当逐乐不归?"语未到头,遂见其子,身着紫袍,在娘前立。恐娘不识,走入堂中,跪拜阿娘:"识儿以不?儿是秋胡。今得事达,报娘乳哺之恩。"其母闻儿此语,唤言秋胡:"我念子不以为言,言作隔生,何其面叙。娘乐子黄金缯彩,不是恋汝官荣,愧汝新妇,九年孤眠独宿。汝今得贵,不是汝学问勤劳,是我孝顺新妇功课。"使人往诣桑林中,唤其新妇。未及行至路傍,正见采桑而回,村人报曰:"夫婿见至,奉婆处分,令遣唤来。"含笑即归,向家与夫相见。

(王重民等编《敦煌变文集·秋胡变文》)

(2)莫道今日谩诸人好抧理,不得已向诸人道,遮里作一场狼藉。

第一章 何谓文言

忽遇明眼人见,谓之一场笑具,如今亦不能避得也。且问你诸人,从上来有什么事,欠少什么,向你道无事,亦是谩你也。须到遮田地始得。亦莫趁口头,问自己心里,黑漫漫地,明朝后日大有事在。你若是根性迟回,且向古人建化门庭,东觑西觑,看是个什么道理。汝欲得会么,都缘是汝自家无量劫来,妄想浓厚,一期间人说着,便生疑心。问佛问祖,向上向下,求觅解会,转没交涉。拟心即差,况复有言?莫是不拟心么,更有什么事?珍重。

(道原《景德传灯录》卷十九,云门山文偃禅师语录)

一般通文的人如果不研究中古语,念念,一定会感到生疏,有些地方不能确知是什么意思,也就是不全通。可是我们都承认这是白话,不是文言。可见给文言下定义,光是以不同于现代语为标准也不行。

(三) 以口语为标准随机应变不妥

但是,脱离口语偏偏是文言的最重要的性质,正如吕叔湘先生所说:"白话是现代人可以用听觉去了解的,……文言是现代人必须用视觉去了解的。"(《文言和白话》)重要,难于割舍,似乎就不如设法调停,用个就事论事的办法,说文言是脱离口语的书面语言,所谓脱离,或者是脱离当时的口语(也就必致脱离现代的口语),如《史记》《汉书》之类;或者是脱离现代的口语,如《尚书》《论语》之类。这办法近于对症下药,由功效方面看相当好,它使我们能够断定,《史记》《汉书》之类是文言,《尚书》《论语》之类也是文言。不过这样东食西宿,理论上有问题。其一,我们怎么知道,对付《史记》《汉书》之类可以用"当时的口语",对付《尚书》《论语》之类不能用"当时的口语"?很明显,那是因为先确诊了"症",所以知道

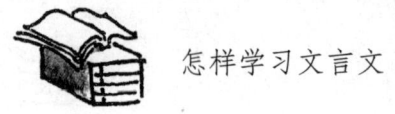
怎样学习文言文

应该用什么药,就是说,因为早已认定《尚书》《论语》之类是文言,《史记》《汉书》之类也是文言,所以其后才决定用"现代的口语"对付前一个(不这样,《尚书》《论语》就可能成为白话),用"当时的口语"对付后一个。这是因果倒置,或先斩后奏。其二,作为定义,提出的本质属性不能适用于同类事物的全部,这在逻辑上是说不通的。

(四) 从时间方面分辨不明确

"五四"时期文学革命,主张改用白话写,说文言是古人用的死语言,白话才是现代人用的活语言。这是从时间方面说明文言和白话的分别,错不能算错,可是意思不够周密,也没有触及要点。因为,一,古人写的不尽是文言;章太炎、王国维等不能算古人,可是写的仍旧是文言。二,死语言,就算早已死了,如果把它看作研讨的对象,总该说明它究竟是具有什么性质的语言,才能使人有个明确的认识,只是从时间方面说它已成过去是不够的。

三 如何认定文言

(一) 要依常识先认定文言

从与口语的关系方面下手,有困难;从时间的早晚方面下手,也有困难。剩下的唯一的路是商店印广告的办法,大道理不讲,只说铺面里卖的是什么货。这像是也有点因果倒置,因为就文言说,这是暂不管它是怎么回事,而先辨认哪些文献是文言写的。这自然是不得已,——其实也是理所当然。因为我们不能不接受常识,根据常识,我们的文献库存,哪些是文言,哪些不是,绝大部分是清清楚楚的。还可以加深一步说,这方面的常识有坚实的客观基础(大量的文献资料),有植根于基础上的相当一致

第一章　何谓文言

的认识(即使没有表现为明确的定义),我们是可以甚至应该看作不误的。因此,我们想知道文言是什么,最好是,也只能是把这些资料集在一起,看看都有哪些共同的性质;这共同的性质不是非文言的作品所具有,所以就成为文言的本质属性,或说可以用这些组成定义。

(二)　战国两汉作品可以充当标本

有些小的困难是,文言,就时间说,大同之中有小异(如《尚书》与《史记》);就一部书或一篇文章说,性质有时不很纯(如《世说新语》和公安派的小品文)。所以聚集资料,用作标本,还要取重舍轻,或取一般而舍特殊。重要的是时间方面的,由甲骨文、金文到章太炎、王国维,我们要取哪一段为标本?幸而有唐宋以来的古文家已经为我们选定了,是"文必秦汉"。我们还可以说得明确一些,是战国到两汉这一段,不只可以当作标本,而且是过去都承认是标本。以前,如金文、《尚书》《诗经》,当然没有人敢说不足为训,可是下笔写,就不用那些为猫,照样画虎。还不只如此,如袁宗道在《论文上》中所指出,《史记》引用《尚书》,曾改"畴"为"谁","俾"为"使","格"为"至","厥"为"其"。这是因为,在司马迁眼里,《尚书》的有些词语已经同他的笔下有距离。时间方面标本有定,后一种小的困难就可以迎刃而解,因为有了标本,用文言表意,不管一个人的笔下怎么不纯,我们总可以分辨哪部分是文言,哪部分忽然跑了野马,成为白话。(如郑燮《范县署中寄舍弟墨第四书》是用文言写的,末尾说:"他自做他家事,我自做我家事。世道盛则一德遵王,风俗偷则不同为恶,亦板桥之家法也。哥哥字。""他自做他家事,我自做我家事"和"哥哥"是跑了野马,成为白话。)

9

 怎样学习文言文

（三） 文言有相当严格的词汇句法系统

战国到两汉这一段，流传到现在的文献不算少，时间有先后，地域有南北，内容包括各方面，作者的学派、性格、造诣等更是千差万别，因而笔下不可能如出一辙。于是，概括其性质，我们就不能不取其大同。幸而事实上是有大同。这大同表现在词汇和句法方面。词汇方面，数量太大，我们难于具体说。只举一点点例，如名词，既可以说"犬"，又可以说"狗"，可是只能说"豕"，不能说"猪"；动词，"走"的所指是跑，表示现在的"走"，要说"行"；形容词，没钱不能说"穷"，要说"贫"。语气词分别更显著，"的""了""吗""啦"等都不能用，要用"之""乎""也""矣"等。句法方面，分别虽然不像词汇那样明显，却是有些决不许逾越的鸿沟，如只能说"唯余马首是瞻"，不能说"唯瞻余马首"；只能说"未之有也"，不能说"未有之也"。总而言之，是表示某种意思，都要用那一套里的某种选词造句的习惯，念出来要是那个旧调调。旧习惯，旧调调，有约束力。魏晋以后，直到清末，有些人明白标榜学秦汉，更多的人学而不标榜。自然，由于时代变了，笔下难免因不得不新而出现一些小的违离（如"是"由指代词而渐渐兼系词），但就系统说，不管怎样变，它只能在系统之内变，不能闯到系统之外，所以仍然是以秦汉为标本的文言。

（四） 求美的子孙仍是文言

文言以秦汉作品为标本，可是汉以后还产生一些非亦步亦趋的新形式。其中最显赫的是骈文、格律诗和词（曲是白话搀杂文言成分的作品）。详细情况留待第七章介绍，这里只提一下，这些爱美的子孙主要是在声音方面精雕细琢，说到词汇和句法，那仍是旧系统之内的，所以同样是文言。

第一章　何谓文言

四　只见于文只用于文的语言为文言

（一）　文言与古汉语有别

古汉语，如果求名实相副，所指应该是"古代汉民族的语言"。这几个字牵扯的问题很多，因为"古代"的下限难定（上限只能远到有文献可考），"汉民族"的内容太杂（尤其商周时期）。只有"语言"的问题像是比较简单，照理应该指口语，可是我们所能抓到的只是文字。意义不定，难确指，我们无妨来个差不多，给古汉语的外延拟个举要的名单，说早到汤武誓师，中到唐明皇和杨贵妃密语，晚到顾炎武坚拒征召，以及其间的数不清的情意交流，"说"的都是古汉语。这是就不同的时间说，古汉语作为类名，包容的个体非常多，而且，只要两者的距离不很近，一定各有各的特色。就不同的地域说，情况就更加复杂。《孟子·滕文公下》说："有楚大夫于此，欲其子之齐语也，则使齐人傅诸？使楚人傅诸？"可见楚语和齐语很不同，可是我们找不出理由，说其中之一不是古汉语。古汉语这样千差万别，而文言却是个相当统一的系统，则两者的关系只有两种可能：一是各种古汉语都不同于文言，二是只有一种古汉语同于或近于文言。不管是哪一种可能，我们都可以论断，文言并不等于古汉语。

（二）　文言一名可用

自然，我们也要承认，近来称文言为古汉语，是与"现代汉语"对比叫出来的。这所谓现代汉语，应该指书面的（口说的差别很大），也就是现代人所写。现代人所写是现代汉语，古代人所写当然是古代汉语了。命名，用定义形式规定它指什么，当然没有什么不可以。不过，名者，实之宾也，

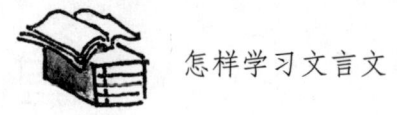 怎样学习文言文

因而名实不副就会引来麻烦。其一,说是古代人所写,可是古代人也间或用白话写,怎么处理?算古汉语,就不能不放弃"文言",不算,就不能不放弃"古代人所写",两全之道是没有的。不得已,或者不得不给古汉语的所指加点限制,说是指脱离口语的。可是这样一来,真的古汉语(口说的)就全部被开除,道理上当然说不过去。其二,还会有个连带的麻烦,是真的古汉语不能不有个名称,叫什么呢?由此可见,与其绕个弯子,用古汉语代替文言,不如省点事,就称为文言。称为文言,意思是只见于文只用于文的语言,名实相副,是适当的。

第二章 文言如何形成

一 文言形成的条件

文言,像其他事物一样,长成或制成以后要具备某些条件,不这样就是没有定形。文言长成,定形,主要靠三个条件:一是有相当严格的统一的词汇句法系统,二是这系统基本上不随时间的移动而变化,三是这系统基本上不随地域的不同而变化。

(一) 重要条件是词汇句法系统

关于词汇句法系统,前面已经概括说过,这是一套几乎可以说是根深蒂固的表达习惯。表示某种意思,用什么词,组成什么样的句式,虽然容许一定程度的灵活性,但这有如京剧旦角的服装,可以穿青衣,也可以穿红挂绿,却绝不许穿生角、净角的长袍。灵

 怎样学习文言文

活性只能是系统之内的灵活性,或说是旧有的几种表达习惯之中选择一种表达习惯的灵活性。这系统或习惯,即使从形式和要点方面介绍个梗概,也非专书不可,这里从略。

（二） 系统不随时间变

定形,我们可以比喻为固体;不定形,我们可以比喻为液体。液体,注入方器成方形,注入圆器成圆形;固体就不然,换个地方还是那样。前面我们曾说《史记》引《尚书》改字的情况,这是随时间移动而变,也就是表示在《尚书》时期,文言还没有定形。到春秋战国之际就不然,《史记》引《论语》几乎都是照抄。这大量地见于《孔子世家》和《仲尼弟子列传》。如见于《孔子世家》的:

（1）景公问政孔子,孔子曰:"君君,臣臣,父父,子子。"景公曰:"善哉!信如君不君,臣不臣,父不父,子不子,虽有粟,吾岂得而食诸。"

（2）孔子曰:"文王既没,文不在兹乎?天之将丧斯文也,后死者不得与于斯文也;天之未丧斯文也,匡人其如予何。"

见于《仲尼弟子列传》的:

（3）德行,颜渊、闵子骞、冉伯牛、仲弓;政事,冉有、季路;言语,宰我、子贡;文学,子游、子夏。师也辟,参也鲁,柴也愚,由也喭,回也屡空。赐不受命而货殖焉,亿则屡中。

（4）孔子曰:"贤哉回也!一箪食,一瓢饮,在陋巷,人不堪其忧,回也不改其乐。""回也如愚,退而省其私,亦足以发,回也不愚。""用

第二章 文言如何形成

之则行,舍之则藏,唯我与尔有是夫。"

熟悉"四书"的人一见就会觉得面熟,这是因为在两个时代穿的是同一套服装。《论语》之外,《史记》照抄《左传》《战国策》等的地方更多,理由一样,是时代变了而那一套词汇句法系统没有变。汉以后,情况仍是这样,如大家都熟悉的范仲淹《岳阳楼记》,末尾说"微斯人,吾谁与归",显然同《论语·宪问》的"微管仲,吾其被发左衽矣"用的是相似的模式。晚到清朝还是这样,郑板桥写家书,想到书生有了田,大为感奋,说"吾其长为农夫以没世乎",这同杨恽《报孙会宗书》的"长为农夫以没世矣"用的是相同的模式。这种种情况都可以证明,文言定形,成为系统,它就可以不随时间的变化而变化。

(三) 系统不随地域变

地域的情况比较复杂,我们可以着重说战国两汉这一段。那时期说"中国",等于后来说中原一带,是汉民族活动的地区。汉民族自然是用汉语;其外是四夷如犬戎、匈奴等,自然要用各自的语言。专就汉语说,不同的地区,以今度古,一定有或大或小的差别。不管差别大小,如果其中一个,因为有地广、人多、政治强、经济富、文化高等优越性,就会产生通用语(古人称为"常语""通语"或"凡语")和方言的差别。这种差别,古文献中有明显的反映。举一点点例。《论语·述而》:"子所雅言,诗书执礼,皆雅言也。"孔注,雅言是"正言";郑注说得具体些,是"正言其音"。我们可以推断,所谓雅言是用通用的语音读,不用曲阜的家乡话读,等于现在苏州人之用普通话教语文。《孟子》说楚大夫之子想学齐语,前面已经提到,我们也可以据此推断,这是因为齐国属于"中国",楚国是"南蛮鴃舌之人"

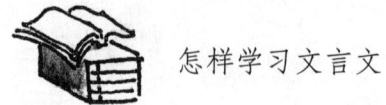

怎样学习文言文

(《孟子·滕文公上》),发音不雅正,所以要"弃其学而学焉"。楚国远在"中国"之南,说话用楚方言,《楚辞》(难免经过通用语修润)中还留有不少痕迹(可参看王泗原《离骚语文疏解》)。此外,这种语言差异的情况还大量地保留在字书里。如《尔雅》开头,《释诂》说:"初、哉、首、基、肇、祖、元、胎、俶、落、权舆,始也。"郭璞注:"……此所以释古今之异言,通方俗之殊语。"又:"迄、臻、极、到、赴、来、吊、艐、格、戾、怀、摧、詹,至也。"郭璞注:"……詹、摧皆楚语方言云。"传说扬雄也重视这种情况,著《方言》,记录各地语言的差异,如开头两条说:"党、晓、哲,知也。楚谓之党,或曰晓,齐宋之间谓之哲。""虔、儇,慧也。秦谓之谩,晋谓之㦤,宋楚之间谓之倢,楚或谓之䜏,自关而东赵魏之间谓之黠,或谓之鬼。"这些文献资料都表明,古代的口语是"多"。可是文言的系统是"一",至少是大同小异的"一"。这"一"的所以能够取得,是由于以通用语为主体,吸收一部分方言,放弃一部分方言,以筑成书面语言的城池,就是现在所谓"文言"。这文言,骨子里不免是四世同堂,不免是五方杂处,可是既然成为一体,我们就不大能看出它有什么不调和、不稳定之处。事实也正是这样。比如《诗经》的《风》是按地域分类的,齐处东偏,秦处西偏,而表现在文字上却像是出自一家。其后,汉朝也是这样,司马相如是四川人,班固是陕西人,写起赋来,用的是一个调调。再往后说,王士禛是山东人,朱彝尊是浙江人,口语一定相差很多,可是写文章,作诗词,用的也是一个调调。文言这个系统就是这样,它定了形,就可以不随地域的不同而变化。

二 文言形成的因素

文言由不定形而趋向定形是个历程,这历程是书面语逐渐离开口语的

第二章 文言如何形成

历程。顺着历程前行要有推动力,我们可以称之为"因素"。

(一) 汉字不随口语变

最根本或最强有力的因素是"汉字"。前面说过,文字是用形状表示声音,语言是用声音表示意义。以现代汉语为例,"再见"两个字是直接表示声音 zài jiàn,间接表示向人告别的意义。不过文字和声音的关系,各种文字不尽一样。例如英语是拼音的,文字和声音的关系是一心一意,或说某形状表示某声音是必然的,因而见其字可以知其音(假定熟悉拼写规律);或者从另一方面说,文字要照语音拼写。汉字不是拼音的,文字和声音的关系是三心二意,或说某形状表示某声音是或然的。这种特点表现在不同的方面。最突出的是见其字不能知其音(形声字也是这样,如"仪"不念"义","江"不念"工")。其次,使用汉字,常常可以跳过声音或至少是不怎么理会声音而直接触及意义。例如看见字,尤其是数目多的同音字(有的多到上百),我们通常是因其形而辨其义。其三,还有更极端的情况。一种是误读其音,如把"对称 chèn"读成"对 chēng",把"龌 wò 龊 chuò"读成"wū cù",可是理解得并不错。另一种是不知其音,如人人都有这样的经验,对于某些字,就是记不准念什么,可是意义却清清楚楚。其四,也就因为形状和声音联系不紧,所以对于同一个字,异时异地可以用不同的音念它而不影响表意。如"一""七"在中古是入声字,我们现在念成阴平了;"滑稽",旧注都说"滑"的音是 gǔ,可是现在几乎都念成 huá 稽了。不同的地域也是这样。《颜氏家训·音辞》篇说:"其谬失轻微者,则南人以钱为涎,以石为射,以贱为羡,以是为舐;北人以庶为戍,以如为儒,以紫为姊,以洽为狎。"这是说,在六朝晚年,同一个字,南北的读音可以不同。现在的情况是我们亲见的,比如请一位福建人和一位山西人都

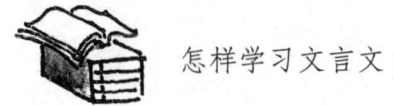
怎样学习文言文

读杜甫《秋兴八首》，说普通话的北京人听了，会觉得两个人的读音差别很大，可是都不合规定。以上种种情况都表示，汉字与声音的关系很松散，因而它有多靠形状表示意义的能力，也因而就可以不随着口语移动，稳坐在原地，建立自己的独立王国：文言。

（二）文趋精简

文脱离口语，还不只是时间变动的结果，就是在同一个时期，写到书面上的文也总是比口语精简，纵使在早期，还不能说是分道扬镳。这有很多原因。其一，口语是人人用的，这人人中有很多不通文墨的，他们说话经常不检点，信口开河，因而专就表达方面说，就容易出现重复、拖沓甚至颠三倒四的情况。文是通文墨的人所写，不容易出现重复、拖沓等毛病，所以即使照他的口语写，也不会同于一般的口语，或说是总会成为比较干净的口语。其二，文，尤其比较典重的文，大多是经过斟酌甚至修润的。如《论语·宪问》说："为命，裨谌草创之，世叔讨论之，行人子羽修饰之，东里子产润色之。"这结果，一些见于口语而可不用的声音当然就削除了。其三，纯粹记言的文字也总是化繁为简。举《史记》为例，周昌坚决反对汉高祖换太子，说："臣口不能言，然臣期期知其不可；陛下虽欲废太子，臣期期不奉诏。"（《张丞相列传》）这"期期"是描画口吃，本来可以不用；但这里司马迁是想绘影绘声一下，所以保留了。不过终归是偶一为之，如樊哙是个老粗，记他的话反而文绉绉了，"臣死且不避，卮酒安足辞！夫秦王有虎狼之心，杀人如不能举，刑人如恐不胜，天下皆叛之……"（《项羽本纪》）。时代再靠前，如《论语》，化简的痕迹就更为明显，前面提到的答景公问政，孔子说："君君，臣臣，父父，子子。"又："哀公问有若曰：'年饥，用不足，如之何？'有若对曰：'盍彻乎？'"（皆见《颜渊》篇）这都是

第二章 文言如何形成

对君主谈话,理应谦和委婉,推想不会这样干巴巴,而是到笔下才写成干巴巴的。其四,还有个原因是受物质条件的限制,不能不简。在有纸以前,记言,文字要写在竹木上,编成册或编,传抄也是这样。这很费事,不得不用化简的办法来调节,如现存早期的文献,《易经》的卦辞、爻辞,《尚书》,《春秋》,甚至《左传》等都是这样。但就是这样言简意赅,写成书也会笨重得不得了,官府的储存不用说,就是私学,也是"惠施多方,其书五车"(《庄子·天下》)。这费工笨重的程度,随着纸和印刷术的发明、改进而逐渐减轻,但就是到今天,写和夸夸其谈究竟不一样,为了经济些,书面的还是不得不求简。一繁一简,其间自然就形成距离。其五,文求精简,精简有优点,因而渐渐地这优点就会被人视为一种高的风格,不少文人就会用力求笔下实现这种风格。古典作品里这类例证很多,最突出的如史书的论赞,晋人的杂帖,唐宋以来的随笔、诗话等,都是轻轻点染,意在言外。总之,文偏于简是不得不然。这必然性也是文脱离口语的一种推动力,纵使单单靠它,文言还不能建成自足的词汇句法系统。

(三) 文的惰性

语言有惰性,也应该有惰性。因为它是交流情意的工具。交流,至少要两个人,所用的符号,什么符号表示什么意义,不能不照"约定俗成"的办,否则甲任意变,等于不守约,乙就难于理解。但是在惰性的统辖之下又不能不变。变的原因很复杂。客观的比较容易说,是时代变了,出现了新事物,就不能不增加新的词语甚至句式来表现它。这新事物还包括外来语及其译文,新的句式大多是从这条渠道来的。主观的原因就难说了。可以推想到的有两种情况,一种是无意地乱来,一种是有意地求新奇,两者都是用原来不见甚至不容许的说法以表意。这类说法的大多数会自生自

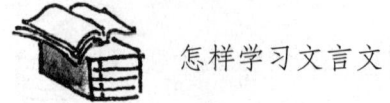
怎样学习文言文

灭；但总有一些会生存下来，发荣滋长，为大家所接受。就是这样，语言在不断地变化。但这种变化，表现在口语的和表现在书面的大不一样：表现在口语的快而多，表现在书面的慢而少。常常是，有些说法，口语中通行了，可是根据不成文法，还不能用于书面，如现在形容好上加好是"没治啦"，好像写文章的人还没有人肯用。也会有些，终于没有人用，那它的活动区域就只限于口语，不见于书面了。这都可证，语言的惰性总是更多地更明显地表现在书面上。这自然是有原因的。一是在没有录音设备的长远时期，口语是旋生旋灭，文字写在书面上，它就必致长久不变。二是不变，后来的人就会甚至就愿意照老路子写。三是这老路子，由于种种原因，会被很多人视为雅驯，因而就更进一步，不容许变。这样，口语和书面语的发展变化的路程就有如故事里讲的龟兔竞走的前段，口语像兔，跳跃着向前跑了，龟却在后面慢慢爬。其结果当然是距离渐渐加大，就文言说，是成形以后，在原地踏步不进，以至于成为完全不像口语的另一套语言。

（四）文人笔下学书面语

语言是亦步亦趋地学会的，口语是这样，书面语也是这样。理论上，口语可以以书面语为师，书面语可以以口语为师，可是事实上，口语总是基本上以口语为师，书面语总是基本上以书面语为师。说"基本上"，因为其中的情况颇为复杂。其一，要看学的人会写不会写。不会写的，自然只能以口语为师。其二，至于会写的，那就不一定，怎样学，还要看他怎样看待口语和书面语；学得怎样就更难预测，因为要由身内身外的许多条件来决定。以近年的情况为例，"五四"时期提倡用白话写，有不少人努力在笔下学口语，可是写到三十年代，文学革命有了成果，这成绩见于书面，量不小，质相当高，但我们可以看一看，那是纯粹的白话吗？这只要念念

第二章 文言如何形成

鲁迅的作品就可以知道,那是与口语有距离的"白话文"。再以后,主要是五十年代,曾经有人大声疾呼地提倡"写话",原因当然是大量的书面语写得不像"话"。这里我们且放过是非,专谈事实,那是:绝大多数人学写,是以书面语为师,而书面语又绝大多数不像"话"。可见学写,以口语为师不是容易,而是很难的。这困难,在古代,文言正在成长的时期,尤其形成之后,当然会更大,更明显。我们可以想一想,班固写《汉书》,如果限定他只许用东汉的口语写,而不许学《史记》,那困难会是如何大。这困难还必致随着时代的变动而增长,比如司马光等写《资治通鉴》,也限定只能用《京本通俗小说》那样的白话,而不许学《史记》《汉书》等,那恐怕连成书的希望也没有了。再从正面说,旧时代两千年来的文人,写的本领都是由书面上照猫画虎学来的,写文要熟读经史,写诗要熟读李杜。绝大多数人还要有所专,如苏轼是《庄子》,归有光是《史记》,黄庭坚是杜甫,等等。这照猫画虎的学甚至成为流派,最突出的如西昆体的学李商隐,明朝前后七子的"文必秦汉,诗必盛唐"。这样学的结果是,在书面上,后代与前代无异或基本上相同,而口语独自向前走了,于是两者的距离越来越远。就书面语说,它有了自己的一套,这一套因一学再学而势力越来越雄厚,阵地越来越稳固,这就是现在说的"文言"。

(五) 文人为文求典雅

旧时代,尤其是古代,文化不普及,通文墨的只是少数上层人。上层人少劳多得,权多利大,有实惠。实惠同时是荣誉。人总是喜欢荣誉的。荣誉必须表现为己身之外的人(越多越好)对己身的羡慕和尊敬。因为这要由外来,所以"深藏若虚"的办法行不通,一定要想尽办法表露,求为人知。表露的方式,文人比不通文墨的人多"文"这一种。能文是一种荣

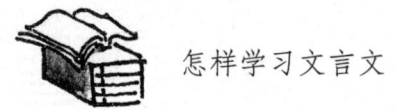

怎样学习文言文

誉,文而能典雅是更上一层的荣誉。典雅当然与内容有密切关系,如在古人的眼里,《诗》《书》之类是最典雅的。小说就不成,《汉书·艺文志》说:"小说家者流,盖出于稗官。街谈巷语,道听涂(途)说者之所造也。孔子曰:'虽小道,必有可观者焉,致远恐泥,是以君子弗为也。'然亦弗灭也。闾里小知者之所及,亦使缀而不忘。如或一言可采,此亦刍荛狂夫之议也。"虽然不无可观,可是君子不干,因为是"街谈巷语",不典雅。典雅与否还同表达有密切关系,就是说,还要看用的是什么语言。街谈巷语的对面是保存在书面上的古典,用这上面的语言,既可以表示自己有教养(熟悉古典,这是很高的荣誉),又可以表示自己脱俗(能够出口成章)。这方面的荣誉感使文人为文尽全力求语言典雅。办法很简单,是趋旧避新,就实况说,是在文言的系统里打转转,为文言的壁垒添砖添瓦。这风气大概很早就露了苗头,如《论语·季氏》说:"不学诗,无以言。"情况也确是如此,我们看《左传》《国语》等古代典籍,用"诗云"引诗以壮声色的几乎触目皆是。后来又加上"子曰"。总之,都是义求古,言也求古。为交流情意着想,此风本来不可长,可是偏偏越来越厉害,笔下趋旧避新,几乎无孔不入。比如称丈夫的父母为"公婆",意义明白,很好,却为求典雅,偏偏改为"舅姑",反而把一般人闹糊涂了。同类的费力不讨好多到无限,如"南京"的称呼不古,要改称"金陵";"刑部尚书"的称呼不古,要改称"大司寇";甚至做了小官,要写"释褐",死了妻子,要写"鼓盆"。你不这样,人家会说你教养不够,出言不典雅。这种风气给后代文章的影响很大,值得注意的有两种。一是大量用典,尤其在骈体中,如大家熟知的王勃《滕王阁序》就是这样:"他日趋庭,叨陪鲤对;今晨捧袂,喜托龙门。"这从一个角度看是"表意",从另一个角度看是"表露"。表露什么?不过是能用古,典雅。另一种是大力求古奥,就是多用古字,古词语,句式避常而用变。有意甚

第二章 文言如何形成

至挖空心思这样做,并成为流派,大概从唐朝古文运动开始。自然,人也不能尽同,如果可以把这看作一种病,我觉得,韩愈比柳宗元似乎还轻一些。发展到明朝,前后七子就更加严重,简直可以说是病入膏肓了。其实,就是不大喊"文必秦汉"的,如宋濂、刘基等,笔下也古奥得很,远不如读战国的《孟子》《韩非子》,反而显得浅易流畅。这种求古奥的风气一直阴魂不散,到章太炎身上还表现得相当厉害,是为文多用古字,你想读,就必须多翻《康熙字典》。这里还是撇开是非,只论事实,这情况就是,文人笔下总是古,古,古,就使文言不只站稳了脚跟,而且势力越来越大,直到在有些人(如林琴南)的眼里,不这样写就不成其为"文"。

(六) 文言有不受时空限制的优越性

以上两节说文言形成的因素,有一部分是文人随波逐流。随波逐流是多余,就是说,文言形成之后,动笔表意,也可以不学文言,不求典雅。专从这个角度说,我们没有触及文言的积极价值。平心静气,过不掩功,我们应该承认,文言所以能够成长并经久不衰,是因为它还有积极价值。积极价值是什么?《左传》襄公二十五年引孔子的话说:"言之无文,行而不远。"文言是有文,所以能够行远。这"远",当时大概是指空间,我们现在还要给它加上一项内容,时间。

先说空间。前面已经谈过,在同一个时期,各地的语言有差别,其中势力大的成为通用语,势力小的成为方言;书面语(已形成文言或趋于形成文言)是以通用语为主体写的。通用有优越性,这优越性必然要强制人不能不用。以春秋、战国时期为例,士的阶层想出头,就不能不到各国去干禄,孔子是这样,孟子也是这样。这两位活动的范围还不够大,我们举一位突出的,那是张仪,他是魏国人,活动不只在东方几国,还到秦楚来回奔走。推想他也不得不写点什么，如果写，那就只能用《战国策》那样的文言，不然，秦王或楚王看不懂，干禄的目的就落了空。韩非是有著作的，本国不重视，传到秦国，得到秦始皇的青睐。秦始皇能够看着不费力，那是因为《孤愤》《五蠹》等篇是用《韩非子》那样的文言写的。这种非用不可的强制性，到后代就更为明显，原因之一是汉语的区域更加扩大，原因之二是文言早已成为老字号。比如中古的王安石是江西人，近代的康有为是广东人，都写万言书，如果限定不许用文言，那就困难很大，因为受空间的限制（方言差别），皇帝看不懂。以上是从人的方面说，不能不用。从文的方面说，优越性就更加明显，是用文言写，通文的人可以皆大欢喜。两千年来，文言典籍十不存一，就是仅有的一点点也足以汗牛充栋，可是，值得惊异的是，不管方言的种类如何多，差别如何大，只要通文，就都可以从中吸取营养。文言的这种打破地域限制的通用，是任何方言都没有的。

再说时间。空间的行而能远，有时可以不很明显，比如中原一带的人就不大能感觉到，因为他们用的就是通用语。时间的行而能远就不同，而是人人能感觉到。在这方面，文言简直像个罕见的怪物，它几乎没有什么变化地活动了三千年上下。记得法国哲学家笛卡儿说过："读好书如同和高尚的古人谈话。"这种享受，用汉语的人显然最容易获得，因为我们有贯通古今的文言。文言的这种优越性，也可以分作两个方面说。一是"读"。比如《诗经》第一篇《关雎》，孔子当然读过。以后，汉朝的经师，宋朝的理学家，清朝的汉学家，以及历代的诗人，冬烘先生和蒙童等，当然都读过。读，理解不会尽同，比如经师可以从中看到"后妃之德"，才子佳人可以从中看到"求之不得"，"辗转反侧"。这里值得注意的不是仁者见仁，智者见智，而是都能不费力而取得理解。《诗经》是这样，其后的大量典籍，编入经、史、子、集的，只要你想读、肯读，就都不难获得理解。总之，是时

第二章 文言如何形成

间方面不会给什么麻烦。读是这样,"写"也是这样,只要用语不越出文言的词汇句法系统,你就不必担心不能传后。正如司马迁《报任安书》中所说:"亦欲以究天人之际,通古今之变,成一家之言。……藏之名山,传之其人。""藏之名山"还可以下传,就是因为把精义付托给文言,而文言是有打破时间限制的魔力的。

就是因为文言有打破时空限制的魔力,所以历代大量能文的人愿意用它,不能不用它。这结果在初期,它就容易发荣滋长;形成之后,就势力越来越大,阵地越来越巩固。

(七) 文言有使人喜爱的力量

有些事物有用,我们不能不用,却未必乐意用。例如药就是这样,"良药苦口利于病",虽然有利,却终归是苦的,只好皱着眉头吃。文言不是这样,虽然学会并不很容易,可是学会以后,能够打开典籍的门,里面却尽有可喜的。可喜,难免舍不得,于是就会主动地或至少是不知不觉地为它添油加醋。这也是文言兴而不衰的一个因素,并且是相当重要的因素。文言里面尽有可喜的,这看法先要加点解释。一是说尽有可喜的,不等于说都是可喜的,但要承认,确有不少是可喜的。二是说不少,是因为很多不可喜的,不为人所重,陆续被时间的筛子淘汰了,从而剩下的多半是精华。富有精华,这是文言的另一种积极价值。

一般说,文的可爱应该来自文学作品。"文学"这概念是外来的,到我们的语言里还不能水乳交融。比如到处可见的所谓"古典文学",察看它的所指,排在前边的却有《左传》和诸子,这在西方人看来就会觉得奇怪。他们所谓文学是指创作的纯粹抒情的那一些,通常分为散文、诗歌、小说、戏剧几类。这里为了也能够说服他们,我们举例以证明可爱,也以这四种

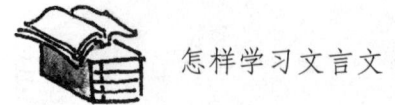

怎样学习文言文

为纲。先说"散文"。不少人感觉到：在这方面，中西的传统不一样。我们很少像法国蒙田、英国拉穆那样着重悬空写感触的作品，中国历代文人的习惯是寓情于景，寓感于事。这样写，成就也不小，值得读读的作品很有一些。举比较显著的，如六朝的小赋（也可以说是在散文和诗之间），晋人杂帖和后代的小简，各种名称的随笔如《东坡志林》《山谷题跋》之类，大量的诗话、词话，等等，都是语简意长，有弦外音、味外味，应该说是中土散文的上品。其次是"诗歌"。人人都知道，在这方面，作者之多，产量之富，成就之高，简直难以用语言来表达。居时间首位的当然是《诗经》，三百五篇，风的全部，雅的大部，都写得感情深而文字美。其后是《楚辞》，如《离骚》《九歌》等，两千年来的文人都曾反复读它，每次读都是一唱三叹。再以后，诗歌的生长越来越茂盛，汉乐府一系统辑为《乐府诗集》，多到一百卷，唐人的诗辑为《全唐诗》，多到九百卷。总集之外的别集更多，不能多举，只说一种，是《陶渊明集》，几乎人人爱不忍释，苏轼甚至照样和一遍。诗体在唐以后还岔出一股，成为词，写诗难于表现的柔婉之情，成就也很了不得，就辑成的书说，旧有《宋六十名家词》，新有《全宋词》。辑为"全"，并不等于截止，如宋元明清人仍旧作诗，清人仍旧喜欢作词，并且都出了不少名家。总之，在诗歌方面，可爱的作品太多了，一直到今天，还是人人不离《唐诗三百首》，稍微前行，就是李杜加陶渊明了。其三是"小说"。小说出于街谈巷语，白话的比较多，成就远非文言的所能比。但文言的也不是没有可看的。古的大部分收在《太平广记》里，因为目的在广收，难免瑕瑜互见。其中精粹的是唐人的传奇，见于鲁迅先生的《唐宋传奇集》，虽然内容大多是才子佳人的离合故事，却写得感情缠绵而文字秾丽。其后的文言小说数量虽不很多，可是成就却不容轻视。值得大书特书的是《聊斋志异》，四百多个短篇，其中绝大部分写得情节新奇而意境优美，与西方

第二章　文言如何形成

短篇名手如莫泊桑、契诃夫相比，恐怕是有过之而无不及。其四是"戏剧"，本土名为"曲"。传世的剧本从元朝开始，内容包括曲词和宾白两部分。作曲家写曲，意在通俗，所以基本上用的是当时的"语"；但他们还想求美，求雅，所以又不能不吸收文言成分，尤其是曲词，读者觉得美，主要是因为它沿用了诗词的绮丽手法。如《西厢记》的"花落水流红，闲愁万种，无语怨东风"，《牡丹亭》的"良辰美景奈何天，赏心乐事谁家院"，以及大段的《桃花扇·余韵》，都是大家熟悉并且很爱读的。

　　检查我们的文献库藏，以上四类作品之外，人人爱读的还很不少。以早期为例，《孟子》《庄子》是说理的，《左传》《史记》是记事的，不管西方人怎样看，我们总觉得都富于文学意味，念了一遍还想再念。汉魏以后到清末，可以选出并入这一堆的，总不少于千八百种吧？记得一位好读书的朋友曾说，如果他一旦生活条件变好，他想建立一个百读不厌书斋，把他爱读的书都装在里边。主要是文言作品。于是他先考虑书目，考虑来考虑去，书目差不多了，进而考虑书架和房子，结果是一笑，放弃了。因为有不少书是全部可爱，更多的书是部分可爱，舍不得的太多，非力所能及。文言典籍就是这样，诗词歌赋等不用说，就是看题材会推断为枯燥的，如《山海经》《水经注》之类，及至开卷，也会觉得很有意思，愿意看下去。

　　文言作品的可爱，还来自它有较多的较巧妙的修辞手法。所谓修辞，是使用语言，能够少花钱多办事。少花钱容易说，是语简。多办事不容易说，因为事的内容太复杂，外有物、事、理等，内有情、意、境等，不同的内容有不同的要求和表现法。总的说，是己有所知，有所感，告诉他人，因为能修辞，他人的所得能够同于己甚至更真切。在这方面，文言存有大量的财富，不是少数篇幅所能介绍，如果有兴趣，可以看看郑奠等《古汉语修辞学资料汇编》（偏于讲道理），杨树达《中国修辞学》和陈望道《修辞学发

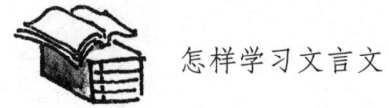

怎样学习文言文

凡》(都偏于举实例)一类书。修辞,也许近于花言巧语,为什么讨人喜爱?是因为一方面,有如看演出,到神乎其技的时候,我们禁不住要拍案叫绝。这也是一种享受,诗话、词话中推举的"春风又'绿'江南岸","红杏枝头春意'闹'"等都是此类。另一方面是学以致用,或说记以备用。俗语说,"千古文章一大抄",后来的妙言妙语大多是由前人的妙言妙语中化出来的。还常常是来自照抄。如措辞委婉,文言有不少招数,这就可以记住,比如碰到接受礼貌的馈赠,要表示不好意思,就可以照抄《左传》,说"敢不拜嘉"(襄公四年),碰到接受重大的任务,要表示不好意思,就可以照抄《论语》,说"非曰能之,愿学焉"(《先进》),这样一来,自己的作为就不像是爱小和自大,而是相当典雅。读,享受,用,有利,其结果当然是爱而好之。

爱好还必然要表现在"写"的方面。喜欢足球会成为球迷,学梅兰芳会成为梅派。爱好文言也是这样,读,觉得好,到自己拿笔,不知不觉地就会用那个调调。从魏晋到"五四"以前,时间将近两千年,舞文弄墨的多到数不清,拿起笔总是之乎者也;就是大力写白话作品的,如曹雪芹,写《葬花词》,写《芙蓉诔》,以及大量的诗,还是用文言。好古的如韩、柳、欧、苏以及桐城、阳湖等,就更不用说了。更值得注意的是"五四"以后,林琴南之流可以不提,就是大声疾呼提倡用白话写的人,因为会文言,有时还不免技痒,与老友往还,书札用文言,以至发表,有时还是来几首律绝。这方面的表现都可以证明,文言形成之后,脱离口语,脱离群众,而且不很容易学会,可是有大量的人就是爱它,并用读和写的方式支持它。

第三章 文言的特点

这一章谈文言的特点。特点是对比之下的产物。同什么对比？当然是同白话，其中包括现代汉语，有时甚至偏重现代汉语，如繁体字和异体字，同古白话比就没有这样的问题。特点概括为两类：一类是组织方面的，其中包括字、词、句、篇；字又分为字形和字音。一类是表达方面的，包括押韵、对偶和用典。

一　组织方面：字形

字有形体，是手所写，眼所见；有声音，是口所说，耳所闻；有意义（除了极少数，如"蜻"之类），是心所理解。

怎样学习文言文

（一）用字数量多

近年来，不只一个人做过现代汉语用字的统计，结果大致是：常用字三千多，次常用字约三千，合起来不过六千多。《新华字典》是小型的字典，收字一万左右（包括繁体和异体）。《现代汉语词典》是中型的词典，因为也略照顾方言词语和旧词语，收字比较多，超过一万（包括繁体和异体）。至于也供读文言典籍用的辞书，收字就更多，新《辞海》是一万五千左右（包括繁体和异体），新《辞源》用繁体字排，一万四千左右，这都是为实用，不求全。求全的，旧的有《康熙字典》，收字四万七千多，新的有《中华大字典》，收字四万八千多。这是由统计数字表现出来的文言用字多。多，有原因。原因之一是时间长，见于各时代典籍的（其中有不少后代不再用）都算；之二是有不少异体字，一个人吃了两份粮甚至多份粮。

不由统计，我们翻翻文言典籍，也会感到那里用字比现代汉语的作品多得多（繁体、异体不算）。有不少字我们感到生疏，音拿不准，义不清楚，不得不查辞书；有时甚至《辞源》也没收，要查《中华大字典》。

（二）繁体字多

现在看汉字简化以前印的书刊，不很年轻的人感到最显著的不同是有很多繁体字，很年轻的人感到的也许不是繁体字多，而是许多字不认识。这感觉的一种来源是文言用繁体字，不用简体字。其实，文字由繁化简是必然的趋势，因为省事总比麻烦好，这只要拿篆书同楷书一比较就可以知道。只是在旧时代，这趋势靠自流，而汉字有坚定不移的特性，所以自楷书通行之后，除了少数不登大雅之堂的俗文学小本本之外，笔画多的字总是难于简化。建国以后，从1956年起，国家有关单位陆续公布汉字简化的办法，连同偏旁简化的字都算在内，有一千几百个字的形体简化了。这些

第三章　文言的特点

字,在旧时代的文言典籍里,当然都是老样子。由繁化简是好事,可是我们总不能要求1956年以前印的文言典籍的文字变成简体。这是文言给我们带来的麻烦,我们要么不读;如果非读不可,那就最好还是也认识繁体字。——即使只是读近年用简化字印的古典作品,了解一些繁体字的情况还是有好处。随便举一两个例。明朝有个大画家名"文征明",在明朝而敢叫"征明",很奇怪,其实这"征"是简化字,繁体是"徵"。陶渊明《挽歌辞》有两句是"亲戚或余悲,他人亦已歌",前几年,某语文月刊登一篇文章,其中说"余悲"应理解为"悲余",意思是为我悲伤,他不知道这"余"字是简化字,原为繁体,是"餘"。总之,繁体字多,好也罢,不好也罢,这是文言的特点,我们不能不注意。

(三) 异体字多

两个字或两个以上的字,音同义同,只是形体不一样,我们称为异体字。表情达意,用一个够了,却要记两个,如已经认识"管",还要记个"筦",增加了无谓的负担,当然不好。常常还不只要多记一个,如"杯"要多记"盃""桮"两个,"窗"要多记"窻""窓""窗""牕""牎"五个。字形体不同,来源于时间长,地域广,写的人有不同的习惯。而异体流行之后,有些文人为了表示博雅,还常常故意用较冷僻的异体字。于是在旧时代,异体字就只能增加而不能减少。这是赘疣一类的病,最好割治。统一文字形体,秦始皇吞并六国以后,由李斯主持,搞过一次。后来就不再有人管。大规模地有计划地整理异体字,是建国以后的事。1955年底公布了《第一批异体字整理表》,废除了异体字一千左右。这之后,印文言作品,一般就不再用异体字。可是,正如上面所说,文言典籍几乎都是旧时代印的,那里面还是多有异体字。因此,文言的这种特点,虽然不合人意,我们还是不能不注意。

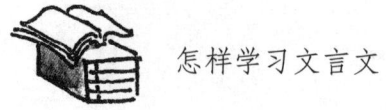

怎样学习文言文

（四）通假字多

通假是用音同或音近的字代替，如把不准"带"孩子写为不准"代"孩子，把交"代"任务写为交"待"任务，我们现在说是写别字。自然，别字如果年龄增加，渐渐变为老牌子，得到多数少壮派认可，也就可以算正确了，如"交待"就是这样。有人说，古人用通假字等于我们现在写别字，这不完全对，因为情况有别。所谓别字，是有正牌以后，对冒牌的称呼。推想较早时期（比如春秋战国及其前），总有一些字，正牌未定，那就不管是南北对峙还是三国鼎立，都得算正统。这局面渐渐变化，一方势力相对增长，其他相对削弱，于是用势力大的那个字才有正确的意味，但用势力削弱的那一个也未必可以算错，比如不写"早起"而写"蚤起"，你说不对，他可以引《史记·项羽本纪》"旦日不可不蚤自来谢项王"，为自己辩护。因此，在这种地方，我们读文言典籍，最好是多注意事实，少管对错。事实是古人惯于用通假字，我们现在看（自然是戴着现在的眼镜）会成为理解的障碍；但破除障碍并不难，是熟悉通假的情况，知道在这里，此字等于彼字就可以了。

（五）少数典籍用楷字以外的字体

严格说，现在印书刊常用的铅字是宋体，它和楷体有微小的分别。宋体是手写楷体的方整化，就系统说仍然属于楷体。我们现在读的文言典籍，包括木版的在内，几乎都是用楷体字。但是，如果我们读的范围较广，钻得较深，那就会遇见楷体以外的文字。大致说，这都是古文献资料的影印或影写。就字体说，有甲骨文，如刘鹗《铁云藏龟》、罗振玉《殷虚书契菁华》等；有金文（大篆），如王俅《啸堂集古录》、邹安《周金文存》等；有小篆，除秦的金石遗物如《峄山碑》、秦权秦量等以外，还见于许慎《说文解字》；

第三章 文言的特点

有隶书,汉朝许多有名的石刻,如《张迁碑》《乙瑛碑》等都是;有草书,今存的许多帖,如王羲之《十七帖》、孙过庭《书谱》等都是;有行书,如怀仁集王羲之书《圣教序》、颜真卿《祭侄文稿》等都是。这类文献资料性质专,量不大,可是它究竟是文言典籍中所有,所以想全面了解文言,也就不能视而不见。

二 字音

汉语的字音是指一个音节,一般包括声、韵、调三部分。所谓同音,是声、韵、调都一样;不同音,或者是声、韵、调都不一样,或者是三部分中的两部分或一部分不一样。以下泛泛谈字音,都是指一个音节。

(一)字音变动快

同字形相比,字音的变动大多了。因为不管文言在眼睛里怎样稳定,它的音总要通过口语表现出来,而口语的音总在变,文言的音也就不能不随着变。前面曾提到,不同时代的人读《诗经》第一篇《关雎》,声音不会一样。这不同的时代也许距离不很远,比如春秋末期和战国中期。不一样的具体情况,可惜过去没有录音设备,了解清楚是做不到了。但我们可以推知,是一定有变化。以"北京话"为证,许多外乡人提起它,总把它看作调和稳定的整体,可是多年住在北京的人清楚地感觉到,就解放前的几十年(那时候五方杂糅的程度还不很厉害)说,前后可以分为三种:前是老旗人的话,中是老北京的话,后是文化界(包括学生)的话。前后有小差别,是随着时间变的结果。这变的情况,放眼历史,太复杂了,我们所能推知的不过是由书面上透露的一点点概略。这概略同我们读文言典籍有关

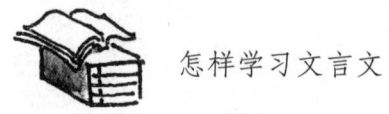 怎样学习文言文

系（主要是中古时期），所以应该扼要地介绍一下。

（二）上古音

因为是概略，所以不妨划分为三段：上古，中古，近古。先说上古。中古、近古有韵书，上古没有。研究上古音，主要是想搞清楚《诗经》押韵的情况，连带也探索一下那时期声母和声调的情况。这风气晚到宋朝才开始，到清朝许多汉学家手里才有了可观的收获。可是各家的看法不尽同，如对于韵部，大致是越分越细：顾炎武分为十部，江永分为十三部，孔广森分为十八部，王念孙分为二十一部，到王力先生就增到二十九部（详见《诗经韵读》）。对于声母和声调，各家的看法自然也不一致。但是根据各家研究的成果，我们可以知道上古字音的一些情况。这方面的知识可以解决阅读时会碰到的某些疑难，如该押韵的地方，我们照今音读不押韵，了解古音的情况之后，知道还是押韵。但我们的所知，就质说终归是概略，就量说终归是点滴，用这概略和点滴来追踪古人读时的声音，自然还有很多困难。幸而我们读文言典籍，一般是追求意义；至于声音，知道与后代有别而不清楚"别"的细节，也没有什么大妨害。

（三）中古音

中古大致指南北朝到唐宋这一段，不了解这时期音的情况，就不是没有什么大妨害了。因为这时期有大量的韵文和骈文作品，我们喜欢读，可是用现代音读，常常会体现不出作品的声音美，这就不能不感到茫然。字音一般由声（少数字没有声母）、韵、调三部分组成，所谓声音美，主要表现在韵和调方面，声的关系不大。举杜甫《旅夜书怀》五律为例，前四句是："细草微风岸，危樯独夜舟。星垂平野阔，月涌大江流。""舟"和"流"要

第三章 文言的特点

同韵,又要同是平声,才能押韵;就调说四句是"仄仄平平仄,平平仄("独"旧是仄声)仄平。平平平仄仄,仄仄仄平平",第一句和第二句,第三句和第四句,同地位的字要平仄不同,才能对偶(对偶有声音方面的要求,是平对仄,仄对平)。这样,读旧韵文和骈文作品,想要体现声音美,就必须知道那时期字的韵和调的情况,或者说,与现代字音差别的情况。

  对于中古字音,比之上古,我们知道得清楚多了。这是因为有不少韵书可以参考。现在能见到或考知的,有大影响的,最早是隋陆法言《切韵》,它总汇古今南北,分韵比较细,共有193部;调是四种,平、上、去、入。稍后,《切韵》由唐人孙愐修订,成为《唐韵》,韵略有增加,是195部,声调相同。到宋朝陈彭年等增修,成为《广韵》,韵又增加,成为206部;声调还是平、上、去、入四种。唐人科举考诗、赋,押韵并没有像《唐韵》分韵那样细,而是有些相近的韵,如"冬""钟"同用,"支""脂""之"同用。宋丁度等编《礼部韵略》,是作为程式,供考试时遵照的官书,把可同用的韵合并,只剩108韵。到金元时期,108韵又合并为106韵,因为这种分法见于金朝王文郁编的《平水新刊礼部韵略》,所以通称"平水韵"(也有人说,因为南宋编《壬子新刊礼部韵略》的刘渊是平水〔今山西省临汾市〕人,所以这样叫)。平水韵寿命长,势力大,到清朝成为《佩文诗韵》,或简称《诗韵》,也是官书,考场内外必须遵照。《佩文诗韵》把韵分为平、上、去、入四部分。平声(不分阴阳,与现代音不同)包括上平声(上平、下平不是平声声调的分类,而是因为平声字多,分为上下两卷)一东、二冬等15韵,下平声一先、二萧等15韵,共30韵;上声包括一董、二肿等29韵;去声包括一送、二宋等30韵;入声包括一屋、二沃等17韵。每一韵大致以常用、不常用为先后,罗列属于这一韵的字,如上平声一东韵有"东""同""铜""桐"等174字,上声一董韵有"董""动""孔""总"等36字。

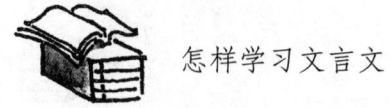 怎样学习文言文

读中古以来的文言作品，只要熟悉《佩文诗韵》，不清楚韵书的演变情况也未尝不可。如读杜甫《月夜》"今夜鄜州月，闺中只独看"，觉得第二句不合"平平仄仄平"的格律，那就可以查查《佩文诗韵》，知道"独"是入声一屋韵的字，"看"是去声十五翰韵的字，又是上平声十四寒韵的字（这里是用平声），然后读作 guī zhōng zhǐ dú（普通话没有入声，可读作去声）kān，合了格律，就可以体现声音的美。

（四）近古音

代表近古音（主要指北方官话）的重要韵书是元周德清《中原音韵》。这是为北曲作的书，因为曲是俗文学，不用书面语的中古音，所以韵书要根据口语改弦更张。大的更动是：平声分阴阳；取消了入声，把原来的入声字分别编入阴平、阳平、上声、去声；韵部不按四声分，为19部（因为平仄可以通押）。如果我们熟悉现代语音的情况，那就可以发现，《中原音韵》的语音系统已经同现代语接近。其实，由中古音向近古音转化，并不始于元朝，据有些人考证，入声收尾的—p、—t、—k，在宋朝已经渐渐失落。《中原音韵》的大胆改革，只是承认了既成事实。可是保守派的中古音的韵书还在坚守阵地，统治着诗词等作品。比如明朝高启作诗，清朝王士禛作诗，甚至现代郁达夫作诗，用的字音还是唐宋人的规格。所以谈起近古音，书面上实际是双轨制：真近古音只统辖一部分俗文学作品，其他还是中古音的天下。我们这里是谈文言的特点，文言同近古音的关系不密切，所以用不着深究。

（五）文言的读音问题

语音的变化是渐渐的，但又是不停止的。总在变，积少成多，就可能

第三章 文言的特点

如俗话所说,是十年河东,十年河西。说十年也许过于夸张,说百年总不为过吧?可是我们谈三千年语音的变化,只分为三期,这太粗略了。用这粗略的模式来铸造无数作品写作时的音,当然不可能。所以读文言作品,只能用现代的音。例如"关关雎鸠",不管孔子怎样读,我们只能读作 guān guān jū jiū,"细草微风岸",不管杜甫怎样读,我们只能读作 xì cǎo wēi fēng àn。一般说,追旧音不只不可能,而且没有必要,甚至不合算,因为我们是一贯用现代音寄托情意,如果换用生疏的音(假定办得到),那就会使感受的真切度和深度都受到影响。但这是一般说,不是毫无例外。常会遇到的例外情况有两种:一种是依旧说要变读,如"滑稽"要读 gǔ jī,"王天下"要读 wàng tiān xià;另一种是不从旧读有碍声音美,如"闺中只独看"的"独看",用现在音读 dú kàn,不好听。怎么样处理才妥当?

先谈前一种情况。变读的情况相当复杂。有的来自通假,如"毋内诸侯","内"等于"纳","王大说","说"等于"悦",那就不能照字面读,非变不可。非变不可,也就不成为问题。另一种变读不是这样,如"滑稽"的"滑"读 gǔ,"石濑兮浅浅"的"浅浅"读 jiān jiān,"郦食其"的"食其"读 yì jī,"龟兹"读 qiū cí,"南无阿弥陀佛"的"南无"读 nā mó,大概都是保存旧读法,没有随着今音变。还有一种情况,是旧日所谓"破读",如"王天下"的"王"读 wàng,"治国"的"治"读 chí,"操行"的"行"读 xìng,"三思"的"三"读 sàn,都是借变读来分辨不同的意义或用法。读文言,变读,要多记,是负担。有负担总不如没有负担好。但这是原则,实际还要看有没有必要。关于破读,吕冀平、陈欣向二位曾举出许多理由(原则没有贯通、传注家认识不一致、并非必要等),认为应该放弃大多数,保留极少数(《古籍中的"破音异读"问题》,《中国语文》1964年第5期)。

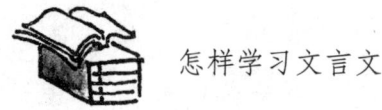 怎样学习文言文

我赞成减轻负担的原则,也赞成不一刀切的办法。例如破读有没有必要,就不可一概而论。现代语是承认它有时候必要的,如"射中"的"中"读 zhòng,"对称"的"称"读 chèn,"间隔"的"间"读 jiàn,"生长"的"长"读 zhǎng,等等。现代语是还活着的,我们奈何它不得。可是这样一来,读《史记·项羽本纪》"道枳阳间行"之类,"间"就只好读 jiàn;那么,"间"变读了,"道"呢,变为 dǎo?这是从今的原则与一贯的原则有时会冲突。还有另外的情况需要考虑。比如"扁 piān 舟"(小船)、"长 zhàng 物"(多余之物)、"心广体胖 pán"(胖的意义是安舒)、"宫商角徵 zhǐ 羽"(徵是五音之一)之类,如果照字面读,似乎就会影响正确意义的表达。看来处理的办法最好是经济和表意兼顾,尽量不变,不得已就变。这是原则,具体实施难免遇见两可的情形,即使不会很多。至于保存旧读法的那些,也可以用这个原则处理,现代语中有对证的,不变会影响意义的,变;此外可以照字面读。这种从简的处理办法,道理上说得通,因为事实上是:一,现代语已经这样处理了不少,如"大使"的"使","品行"的"行","忠告"的"告","文过饰非"的"文",等等,都不变读了。二,辞书也悄悄地用了这个原则(虽然不彻底),对于有些依旧说应该变读的音,注"旧读"或"读音",意思是照今音读也可以了。三,普通话审音委员会也用了这个原则,如规定"口吃"的"吃"不读 jī,"叶公好龙"的"叶"不读 shè。只是可惜,都是零零星星,没有整个筛一遍。用减轻负担的原则,应该整个筛一遍。这工作相当艰巨,个个过关要费很大精力是一难,骤然全盘改会挫伤旧习惯是另一难。但只要我们接受这个减轻负担的原则,对于问题的性质我们就不至有什么迷惑,而要求慢慢解决也就不至太难了。

再谈后一种情况。这是另一种性质的问题,来自文言的常用花样,调平仄和押韵。上面说过,唐宋以来的文言作品,用的都是中古音,与现代

第三章　文言的特点

音有差别，很明显，如果用现代普通话音读，有的地方就难免原来平仄协调的不协调了，原来押韵的不押韵了。前者如：

（1）然则北通巫峡，南极潇湘。

（范仲淹《岳阳楼记》）

（2）睢园绿竹，气凌彭泽之樽；邺水朱华，光照临川之笔。

（王勃《滕王阁序》）

（3）野哭几家闻战伐，夷歌数处起渔樵。

（杜甫《阁夜》）

（4）无可奈何花落去，似曾相识燕归来。

（晏殊《浣溪沙》）

例（1）是散文用对偶，例（2）是骈文用对偶，例（3）是律诗用对偶，例（4）是词用对偶。这些用中古音读，"峡"是仄声，和平声"湘"对偶，"极"是仄声，和平声"通"对偶；"竹"是仄声，和平声"华"对偶，"泽"是仄声，和平声"川"对偶；"哭"是仄声，和平声"歌"对偶，"伐"是仄声，和平声"樵"对偶；"识"是仄声，和平声"何"对偶。如果用现代音读，就都成为平声对平声，不合对偶的要求。后者如：

（5）鱼鸟犹疑畏简书，风云常为护储胥。徒令上将挥神笔，终见降王走传车。管乐有才真不忝，关张无命欲何如。他年锦里经祠庙，梁父吟成恨有余。

（李商隐《筹笔驿》）

（6）箫声咽，秦娥梦断秦楼月。秦楼月，年年柳色，灞陵伤别。

39

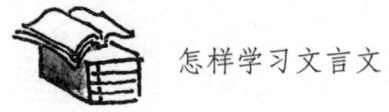 怎样学习文言文

乐游原上清秋节,咸阳古道音尘绝。音尘绝,西风残照,汉家陵阙。

（传李白《忆秦娥》）

例（5）是律诗,用上平声六鱼韵,如果以现代音为准,韵字的韵母要是 ú 才能押韵,可是"书""胥""车""如"都不是。例（6）是词,用入声韵（第四部的"月""屑"）,可是在现代语里,"别""节""绝"已经变为阳平,不能押韵。这样,读这类作品就不能不考虑何所适从的问题。从新或从旧,两条路自然只能走一条。用现代音读的最大优点是省力,因为用不着背一东、二冬、三江、四支等等,以及记其中的哪一韵都收哪些字。另一个优点是不违背推广普通话的原则（据我所知,中央人民广播电台的播音是坚守这个原则,所以读文言作品就不管格律）。但是这种省力有如喜欢钓鱼而不肯修整钓鱼工具,其结果是本来可以钓得多,却没有钓那么多,就是说,应该享有的声音美却有一部分（也许不很少）跑了。"求之不得",这也是碍难接受的事。可惜是没有折中之道。或者宜于不同的情况作不同的处理。比如是偶尔兴之所至,拿几首诗词读读,以后也许不再读,或读也不会多,那就用不着费大力先记一东、二冬。如果相反,是大有兴趣,不只想再读,而且想锲而不舍,那就以费些力,记记一东、二冬为好,因为一劳可以永逸,投资不多而获利很大。其他各种类型的中间的,我以为,即使不能记住《诗韵》的细节,能够略知梗概,以减少阅读时的疑难,总比毫无所知为好。

三　词

汉语的字和词不是一对一的关系。有的字不是词,如"蟋"和"蟀",

第三章 文言的特点

因为都不能表意。有很多词不只一个字。字是形体和音节的单位,词是能够独立表意的单位,大致相当于英语的 word。

(一) 生僻的词数量大

我们翻看文言典籍,一种突出的印象是有不少词面生:不知道读音和意义,或知道读音而不清楚意义,有时候甚至不知道某一个音节是不是词。这不稀奇,因为文言典籍是旧时代写的,我们不熟悉旧时代,自然就不能知道表示旧时代的有些词是怎么回事。多用生僻的词有不同的情况。《仪礼》《礼记》中讲丧祭等事的那些,其中许多行事以及所用器物等等,如"斩衰裳苴绖杖绞带冠绳缨菅屦"(《仪礼·丧服》),"荐黍稷羞肝肺首心见间以侠甒加以郁鬯"(《礼记·祭义》),离我们现代的生活太远了,我们自然会感到生疏。但这是记实,不得不如此。汉人作赋就不然,而是有意制造声势,找许多甚至造一些生僻的字来凑热闹,如"其山则崆巄嶵嵑嵣崭嶜刺岸嵾崒嵬巘巀屹巗"(张衡《南都赋》)就是这样。这是作者认为必要、我们认为不必要的。再就是唐宋以来的许多复古文人(以明朝的为最厉害),为了表示自己脱俗,就常常用力找一些古奥的字来代替常用的那一个,我们看到,自然也会感到生疏。这当然更是不必要的。一般文言作品,用通行的文言写,其中的一些词,我们感到生疏,情况主要是两种。以《论语·乡党》篇为例,一种是写的古事物已经灭绝或不用,如"圭""齐(斋)""傩""绅"之类,另一种是现在仍然有而变了称呼,如"恂恂如""阈""吉月""凶服"之类。两种相比,前一种的量比后一种要大,因为旧名物很多,词自然要跟着多,只要那名物已成过去,我们见到那个词就必致感到生疏。由感到生疏方面看,后一种性质也一样,因为都是古用而今不用。文言典籍里有很多古用而今不用的词,这是读文言作品的一

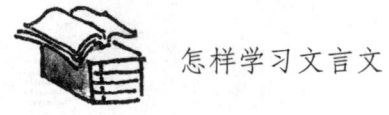 怎样学习文言文

个大难点,不能不注意。

(二) 词大多保存古义

词有意义,还有年寿。不同的词可能年寿有分别:有的长到几千年;有的较短,或者出生得晚,或者用个时期不用了。年寿长的,有的意义不变,如"水""火""大""小"之类,古人怎样用它,我们还是怎样用它。但也有不少意义有变化。变化可大可小,如"去国"古是"离开"国,"去上海"今是"往"上海,这是大变;"再"古只指第二次,今可以指第一次以后的许多次,这是小变。不管大变小变,都是古今意义不同。这不同经常表现在不同的(书面)语言里。显然,在文言典籍里,用古今意义不同的词,所用的意义一定是古的;现代语的作品相反,用古今意义不同的词,所用的意义一定是今的。所以说,由词义的演变方面看,文言保存了大量的早期的词义。读文言作品,必须重视这种现象,不然,把"去鲁"理解为"往鲁国",当然是大错;就是把"善走"理解为"能走路"也总是错误,因为与原意不合。

(三) 单音节词多

词的形体有短有长。短的只一个音节,如"人""打"之类。长的不只一个音节,以两个的为最多,如"人民""思索"之类;超过两个的比较少。说多音节的词算"一个"词,是因为造句的时候,它要整体活动,不能拆开单干。比如"学习",说"学习英语"可以,说"愿意学习"可以,说"学钢琴"可以,只是不能说"习～","习"不能独立活动,所以"学习"算"一个"词。就汉语说,在词的库存里,单音词加双音词是绝对多数。但这是不分古今的笼统说,如果分古今,那就单音词和双音词的比例还有

第三章 文言的特点

大差别：单音词是古多今少，双音词是古少今多。这差别的来源是文言里许多经常单用的词，到现代汉语里不能单用了。以"足食足兵，民信之矣"（《论语·颜渊》）为例，"足"现在要说"充足"，"食"要说"粮食"或"食物"，"兵"要说"武器"或"武装"，"民"要说"人民"，"信"要说"信任"。词的音节由单一变多，是长时期的汉语演进的趋势。为什么要这样？是因为单音节独用，同音异义的词就必致过多。多而必须分辨，怎么办？这在书面语中好办，比如两位 zhāng 先生，一胖一瘦，写出来是"张先生胖，章先生瘦"，一看清清楚楚；口语就不行，要说"弓长张的张先生胖，立早章的章先生瘦"。同理，文言里的大量单音词，由口语流传，为了意义清楚，就不得不用各种办法（主要是拉个义同或义近的），使音节增加一倍。这样，与现代汉语相比，文言词汇的这个特点就颇为突出。说突出，不只因为它的静态表现在堆堆上，还因为它的动态影响深远。举例说，词的用法灵活，显得本领大，主要是从这里来的；句子偏短，显得精炼，更是从这里来的。说起句子短，我们不能不想到守严格格律的诗词，如果不是单音词多，像"远芳侵古道，晴翠接荒城"（白居易《赋得古原草送别》），"怀故国，空陈迹，但荒烟衰草，乱鸦斜日"（萨都剌《满江红》），这样字少意繁的句子，写出来是很难的。

（四）词用法灵活

就意义说，双音词比相对的那个单音词明晰、固定，如"友谊""友情""友好""朋友"和"友"比就是这样。较不明晰，较不固定，到用来造句的时候却有它的优越性，是放在哪里都过得去。比如说"以之为友"可以，说"友之"也可以，"友谊"等等就不成。文言词用法的这种灵活性，主要表现在四个方面。

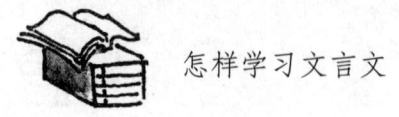 怎样学习文言文

1.有不少词兼有名、动两种用法。如：

（1）百姓闻王钟鼓之声，管籥之音，举欣欣然有喜色而相告。

(《孟子·梁惠王下》)

（2）填然鼓之，兵刃既接，弃甲曳兵而走。

(《孟子·梁惠王上》)

（3）左右欲刃相如，相如张目叱之。

(《史记·廉颇蔺相如列传》)

（4）范增数目项王，举所佩玉玦以示之者三。

(《史记·项羽本纪》)

（5）士志于道，而耻恶衣恶食者，未足与议也。

(《论语·里仁》)

（6）衣敝缊袍，与衣狐貉者立，而不耻者，其由也与？

(《论语·子罕》)

"鼓""目""衣"，都是在前一例里表示事物，后一例里表示动作。现代汉语也有这种情况，如"上锁"和"锁门"的"锁"，只是非常少。文言里却是到处可见。这种现象，习惯上称为"活用"。如果只是说到这里，不错；可是一般是还要进一步，说"鼓之"的"鼓"是名词活用为动词（"目""衣"等同），这就有问题了。问题在于怎么知道"鼓"是名词。由语源？古字形似乎没有偏袒的表示。由统计？可惜还没有人这样做。剩下的常用办法是凭印象，也可惜，是两种用法都不少。这有如一个小铺既卖油，又卖醋，如果甲说它是卖油带卖醋，乙说它是卖醋带卖油，这样凭印象坚持一偏之见，取信于人是很难的。可是对于同样性质的"鼓"的词性的一偏之见，

第三章　文言的特点

似乎都信之不疑,为什么?很明显,是因为都戴着现代汉语语法的眼镜。用这副眼镜看,"鼓"是名词,毫无问题,所以"鼓之"是活用,言外之意,这不是它的本职,是临时通融一下。是不是临时通融,应该去问孔子、孟子和司马迁,推想他们是未必承认的。这牵涉到文言词的分类问题。曾经有人注意这种现象,并向另一面偏下去,说古汉语实词不能分类,如高名凯。折中的稳妥之道是能分,只是不应该依照现代汉语语法的框框去分。原因是,文言词有灵活的特点,想分类就不能不重视这个特点。

2. 有的词入句,用法可以偶尔变通一下。如:

(7) 假舟楫者,非能水也,而绝江河。

(《荀子·劝学》)

(8) 武王乃手大白旗以麾诸侯,诸侯毕拜。

(《逸周书·克殷解》)

(9) 谷与鱼鳖不可胜食,材木不可胜用,是使民养生丧死无憾也。

(《孟子·梁惠王上》)

"水"和"手"经常表示事物,这里却表示动作;"生"和"死"相反,经常表示动作,这里却表示事物。这样的灵活与上面那种灵活有分别:上面那种灵活是经常,有如狗既可以看家,又可以协助打猎;这里的灵活是偶尔,有如狗捉住一只老鼠。这类用法,在现代汉语里即使非绝对不可能,也总是非常少见。

3. 文言词还有使动、意动之类的用法。如:

(10) 王果能将吾,中原可得,于胜小敌何有?

怎样学习文言文

（方孝孺《客谈二事》）

（11）秦时与臣游,项伯杀人,臣活之。

（《史记·项羽本纪》）

（12）于是乘其车,揭其剑,过其友曰:"孟尝君客我。"

（《战国策·齐策四》）

（13）吾妻之美我者,私我也。

（《战国策·齐策一》）

"将"这里是名词,带宾语,表示"使吾为将"的意思;"活"是不及物动词,带宾语,表示"使之活"的意思。"客"是名词,带宾语,表示"以我为客"的意思;"美"是形容词,带宾语,表示"以我为美"的意思。一般介绍古汉语知识的书称前两例为"使动用法",后两例为"意动用法"。特别提出来介绍,是因为它不守常规;在现代汉语里,随意打破常规是不容许的。

4. 名词作状语。如：

（14）齐侯……见大豕,……射之,豕人立而啼。

（《左传》庄公八年）

（15）夫以秦王之威,而相如廷叱之,辱其群臣。

（《史记·廉颇蔺相如列传》）

（16）下首至尾,曲脊掩胡,猬缩蠖屈,蛇盘龟息,以听命先生。

（马中锡《中山狼传》）

"人""廷""猬""蠖""蛇""龟"都是名词,分别修饰动词

第三章 文言的特点

"立""叱""缩""屈""盘""息",作状语,在现代汉语里,这种用法是少见的。

(五) 有些零件性质的词文言没有

语言里有些零件,研讨词类的时候像是附属品,其实由表意方面看也未必不重要。例如在饭桌前说"我不吃"是一种意思,说"我不吃啦"是另一种意思。虚虚的语气助词尚且如此,其他充实得多的零件就不用说了。可是文言简古,有些现在看来颇为有用的零件,它却没有。这指的是三种情况。

1. 没有表动态的助词"着""了""过"。那么,表示事件、活动的"正在进行""已经完成""过去曾有"怎么办呢?一种办法是由事件、活动的本身来说明。以《论语·公冶长》篇为例,"颜渊、季路侍"可以表示"正在进行","以其子妻之"可以表示"已经完成","或乞醯焉"可以表示"过去曾有"。另一种办法是用表时间的副词,如"方""将""且""已""未""渐""旋"等;或表时间的常用语,如"初""先是""昔者""顷之""须臾""久之"等;语气助词里有个"矣",也有表示"已经完成"的作用。

2. 量词很少,表示数量只用数词。在文言中,除了表度量衡单位之类的词(尺寸、斤两、升斗等)以外,无论表名量还是表动量,都是数词和所计之物直接组合,中间不加量词。如:

(1) 蟹六跪而二螯,非蛇蟺之穴无可寄托者,用心躁也。

(《荀子·劝学》)

(2) 今人有五子不为多,子又有五子,大父未死而有二十五孙。

(《韩非子·五蠹》)

47

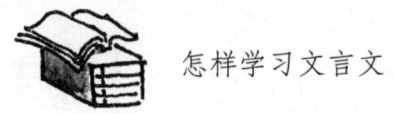
怎样学习文言文

(3) 夫战,勇气也,一鼓作气,再而衰,三而竭。

(《左传》庄公十年)

(4) 王趣见。未至,使者三四往。

(宋濂《大言》)

例(1)(2)是数词和事物直接组合,例(3)(4)是数词和动作直接组合,中间不用量词,这在现代汉语里是不行的。

3.代词数量多,可是没有特定的表示多数的办法。现代汉语的代词没有文言多,可是有不很完备的表多数的办法。如"我""你""他",可以加"们",表多数,"这""那",可以加"些",表多数。文言没有这样的办法,是单一还是多数,一般要由语言环境(包括上下文)来推定。间或有所表示,如"吾属""尔曹"之类,可是"属""曹"不是专职,与"们""些"的性质不同。

(六)有不少不用在句末的语气助词

文言,尤其早期的韵文,简短,有时候为了声音和韵味的整齐或充沛,要在句首或句中加个不表示意义的音节。如:

(1) 夫颛臾,昔者先王以为东蒙主。

(《论语·季氏》)

(2) 言告师氏,言告言归。

(《诗经·周南·葛覃》)

(3) 一雨三日,繄谁之力?

(苏轼《喜雨亭记》)

48

第三章　文言的特点

（4）北风其凉，雨雪其雱。

（《诗经·邶风·北风》）

（5）日云莫（暮）矣，寡君须矣。

（《左传》成公十二年）

（6）我东曰归，我心西悲。

（《诗经·豳风·东山》）

像这样嵌在句首或句中的语气助词，文言里有很多（杨树达《词诠》举出上百个）。现代汉语的句子已经由短变长，难得有空隙，自然就用不着这些了。

四　句

文言在句子的组织方面也有一些特点。这特点，有的表现在全句上，有的只涉及结构的一部分。下面择要说一说。

（一）形体简短

我们读文言作品，一个突出的感觉是句子比较短，停顿多。如：

（1）广之将兵，乏绝之处，见水，士卒不尽饮，广不近水；士卒不尽食，广不尝食。宽缓不苛，士以此爱乐为用。其射，见敌急，非在数十步之内，度不中不发，发即应弦而倒。

（《史记·李将军列传》）

（2）山多石，少土。石苍黑色，多平方，少圆。少杂树，多松，生

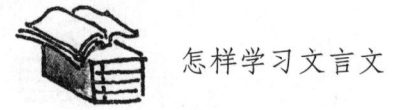
怎样学习文言文

石罅,皆平顶。冰雪,无瀑水,无鸟兽音迹。至日观数里内无树,而雪与人膝齐。

(姚鼐《登泰山记》)

不计标点,例(1)是六十二个字,停顿十四次,平均四个半字停顿一次;例(2)是四十九个字,也是停顿十四次,恰好三个半字停顿一次。这在现代语的作品里是罕见的。

文言句子偏于短,有多方面的原因。一种是单音节的词多,这在上面已经谈到。另一种是惯于用意会法。如:

(3)公子即合符,而晋鄙不授公子兵而复请之,事必危矣。……晋鄙听,大善;不听,可使击之。

(《史记·信陵君列传》)

(4)前长君为奉车,从至雍棫阳宫,扶辇下除,触柱折辕,劾大不敬。

(《汉书·李广苏建传》)

例(3)的"晋鄙不授公子兵而复请""晋鄙听""不听"都是假设的情况,照现代语习惯,前面都要用"如果""假使"之类的词,文言却不用而靠意会。例(4)的"劾大不敬"是被劾,照现代语习惯,"被"要明白点出,文言却不说而靠意会。还有一种原因是省略的词语多,留到下面再谈。此外,文人笔下崇简也是相当重要的原因,如上面所引《登泰山记》的文章,就分明是用意写得这样精炼的。

50

第三章　文言的特点

（二）　整齐句式多

韵文要求句式整齐是当然的，这里是专就散体说。在先秦的典籍里，行文求句式整齐，《老子》是突出的代表。如：

（1）曲则全，枉则直，洼则盈，敝则新，少则得，多则惑。是以圣人抱一以为天下式。不自见，故明；不自是，故彰；不自伐，故有功；不自矜，故长。夫唯不争，故天下莫能与之争。

（第二十二章）

《老子》的文章是格言式的，自然不能不这样表达。其实也不尽然，如《荀子》总是长篇大论，句式也求整齐。如：

（2）天行有常，不为尧存，不为桀亡。应之以治则吉，应之以乱则凶。强本而节用，则天不能贫；养备而动时，则天不能病；循道而不忒，则天不能祸。故水旱不能使之饥，寒暑不能使之疾，妖怪不能使之凶。本荒而用侈，则天不能使之富；养略而动罕，则天不能使之全；背道而妄行，则天不能使之吉。故水旱未至而饥，寒暑未薄而疾，妖怪未生而凶。

（《天论》）

句式求整齐不只少数人，可见不是出于某些人的癖好。这由正面说是，整齐比不整齐会有比较好的表达作用。这作用包括两个方面，是由语句的积累和对称，意思可以更明朗，声音可以更悦耳。因为有这样的好处，所以到汉魏以后，它的势力就越来越大。如南北朝时期写散体文章，也是：

51

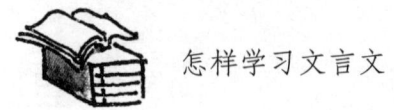 怎样学习文言文

（3）夫两仪即位，帝王参之，宇中莫尊焉。天以阴阳分，地以刚柔用，人以仁义立。……归仁与能，是为君长。抚养黎元，助天宣德。日月淑清，四灵来格。祥风协律，玉烛扬辉。九谷刍豢，陆产水育，酸咸百品，备其膳羞。栋宇舟车，销金合土，丝纩玄黄，供其器服。文以礼度，娱以八音，庇物殖生，罔不备设。

(僧祐《弘明集》卷四何承天《达性论》)

（4）时有西域沙门菩提达摩者，波斯国胡人也，起自荒裔，来游中土，见金盘炫日，光照云表，宝铎含风，响出天外，歌咏赞叹，实是神功。自云年一百五十岁，历涉诸国，靡不周遍，而此寺精丽，阎浮所无也，极佛境界，亦未有此，口唱南无，合掌连日。

(杨衒之《洛阳伽蓝记·永宁寺》)

可以明显地看出来，这是有意凑四字句。这种风气向下发展，精益求精，就不只求句式整齐，而且求相邻的句在意义和声音方面都对称（名词对名词，动词对动词之类；平对仄，仄对平），并且长短有变化（四六或六四等）。这就成为骈体，留待下面介绍。

（三）判断句的表示法

表达"……是……"，文言经常用"……者，……也"的形式。如：

（1）南冥者，天池也。

(《庄子·逍遥游》)

（2）廉颇者，赵之良将也。

(《史记·廉颇蔺相如列传》)

第三章　文言的特点

或者只用一个"也"字。如：

（3）夫许，大（太）岳之胤也。

（《左传》隐公十一年）

（4）张衡，字平子，南阳西鄂人也。

（《后汉书·张衡传》）

还可以"者""也"都不用。如：

（5）此堂，师长教士地。

（《明史·海瑞传》）

这种形式同"是"的古今异用有关系。"是"在文言里经常用作指示代词，一般不起联系的作用；如果用"……是……"的形式表示判断，那要用"为""即""乃"之类联系，如"其北为河"，"五大夫乃秦官"之类。

（四）　句中的主谓关系多用偏正形式表示

用在句中的有主谓关系的词语，经常在主谓间加"之"字，使它成为偏正词组。如：

（1）唯我郑国之有请谒焉，如旧昏媾。

（《左传》隐公十一年）

（2）欲勿予，即患秦兵之来。

（《史记·廉颇蔺相如列传》）

53

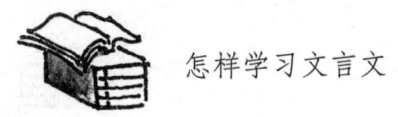
怎样学习文言文

（3）师道之不传也久矣，欲人之无惑也难矣。

(韩愈《师说》)

这也许是为了紧凑，因为偏正给人的感觉是一个单位，主谓是事物和动作并立，像是两个单位。

（五）宾语前置的规格

现代汉语有宾语前置的形式，那是用"把"字。在文言里，"把"字没有这样的用法，可是宾语前置有较多的规格。主要是三种。

一种是，宾语是代词，在疑问句里要前置。如：

（1）室如县（悬）罄，野无青草，何恃而不恐？

(《左传》僖公二十六年)

（2）吾谁欺？欺天乎？

(《论语·子罕》)

（3）直道而事人，焉往而不三黜？

(《论语·微子》)

另一种是，宾语是代词，在否定句里要前置。如：

（4）硕鼠硕鼠，无食我黍。三岁贯女（汝），莫我肯顾。

(《诗经·魏风·硕鼠》)

（5）古之人不余欺也。

(苏轼《石钟山记》)

第三章 文言的特点

（6）然而不王者，未之有也。

（《孟子·梁惠王上》）

还有一种是，用中间加"之"或"是"的办法使宾语前置，以加重语气。如：

（7）非子之求而蒲之爱，董泽之蒲可胜既乎？

（《左传》宣公十二年）

（8）鸡鸣而驾，塞井夷灶，唯余马首是瞻。

（《左传》襄公十四年）

（9）皇天无亲，惟德是辅；民心无常，惟惠之怀。

（《尚书·周书·蔡仲之命》）

（六） 状语和补语的位置

介宾词组"以……""于……"以及一些副词作修饰成分，现代汉语经常用在前面作状语的，文言却经常用在后面作补语。如：

（1）投我以木瓜，报之以琼琚。

（《诗经·卫风·木瓜》）

（2）君子食无求饱，居无求安，敏于事而慎于言。

（《论语·学而》）

（3）中孚为其先妣求传再三，终已辞之。

（顾炎武《与人书》）

55

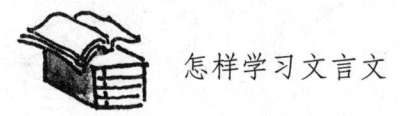
怎样学习文言文

有时候,现代汉语用作补语的,文言却用作状语。如:

（4）令尹子文三仕为令尹,无喜色,三已之,无愠色。

(《论语·公冶长》)

（5）夫天地之大计,三年耕而余一年之食。

(《淮南子·主术训》)

（七）省略较多

词语省略是语言中常见的现象,只是与现代语相比,文言省略得比较多。下面分类举些例（括号里是省略的词语）。

省主语的:

（1）余幼时即嗜学,（　）家贫,（　）无从致书以观,（　）每假借于藏书之家,（　）手自笔录,（　）计日以还。天大寒,砚冰坚,（　）手指不可屈伸,（　）弗之怠。（　）录毕,（　）走送之,（　）不敢稍逾约。

(宋濂《送东阳马生序》)

（2）（　）见渔人,（　）乃大惊,（　）问所从来。（　）具答之。（　）便要还家,（　）设酒杀鸡作食。

(陶渊明《桃花源记》)

例（1）省略的虽然都是"余",可是跳过两个句号;例（2）"具""便"不是承上省（换了主语）。这在现代语里是少见的。

省宾语的:

第三章 文言的特点

（3）今至大为不义攻国，则弗知非（　），从而誉之，谓之义。

（《墨子·非攻上》）

（4）吾骑此马五岁，所当无敌，尝一日行千里，不忍杀之，以（　）赐公。

（《史记·项羽本纪》）

例（3）是省略动词后的宾语，例（4）是省略介词后的宾语。

省"使""令"之后的兼语的：

（5）不如因而厚遇之，使（　）归赵。

（《史记·廉颇蔺相如列传》）

（6）今媪尊长安君之位，而封之以膏腴之地，多予之重器，而不及今令（　）有功于国。

（《战国策·赵策四》）

像这种地方，现代汉语是不能省去"他"字的。

省介词的：

（7）晋主不衔璧（　）军门，则走死（　）江海。

（《资治通鉴》卷一〇四）

（8）布袍脱粟，令老仆艺蔬（　）自给。

（《明史·海瑞传》）

例（7）省略的是"于"，例（8）省略的是"以"。

57

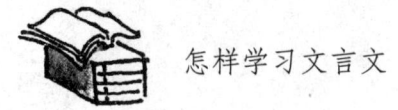

（八）容许变格

文言作品，多数是在诗词里，为了适应字数整齐、对偶、押韵等要求，句子的组织还可以打破常格。如：

（1）清新庾开府，俊逸鲍参军。

（杜甫《春日忆李白》）

（2）枯藤老树昏鸦，小桥流水人家。古道西风瘦马，夕阳西下，断肠人在天涯。

（马致远《天净沙》）

（3）寻寻觅觅，冷冷清清，凄凄惨惨戚戚。

（李清照《声声慢》）

（4）香稻啄余鹦鹉粒，碧梧栖老凤凰枝。

（杜甫《秋兴八首》）

例（1）（2），名词性词语独自作叙述句，例（3），形容性词语独自作描写句，例（4），"香稻"和"鹦鹉"换位，"碧梧"和"凤凰"换位，这在现代语里都是不允许的。

五 篇

表情达意，围绕一个中心，写完，情意没有遗漏，文首尾齐全，有标题或可以加标题，我们称为"篇"。文言的篇也有一些特点。

（一）篇幅较短

第三章 文言的特点

读文言作品的人都会有这样的印象,篇幅简短的多,洋洋万言的很少见。以记事的为例,《左传》记战事,有些是很复杂的,可是总是简而得要;《史记·货殖列传》记由远古到汉朝的经济情况,头绪那样纷繁,可是字数并不很多。史以外的零篇文章,如我们常读的《师说》《永州八记》《醉翁亭记》《赤壁赋》等当然更是这样。篇幅简短,有原因。旧时代事较简,书写印刷困难,习惯于照前人的规格作等等,这是客观的。还有主观的,是以简短为上,如刘知几《史通·烦省》引晋张辅《班马优劣论》说:"迁叙三千年事,五十万言,固叙二百四十年事,八十万言,是班不如马也。"唐宋以来的古文家甚至以简繁争高下。这结果是,文言作品与白话作品相比,在篇幅方面常常表现出明显的差异。文言的有些体裁,还特别以短小精悍见长。如:

(1)论赞——吾适齐,自泰山属之琅邪,北被于海,膏壤二千里,其民阔达多匿知,其天性也。以太公之圣,建国本,桓公之圣,修善政,以为诸侯会盟,称伯,不亦宜乎?洋洋哉,固大国之风也!

(《史记·齐太公世家》)

(2)短札——卿事时了,甚快。群凶日夕云云,此使邺下一日为战场,极令人惆怅,岂复有庆年之乐耶?思卿一面,无缘,可叹可叹!

(王羲之《杂帖》)

(3)小记——蜀中有杜处士,好书画,所宝以百数。有戴嵩牛一轴,尤所爱,锦囊玉轴。一日曝书画,有一牧童见之,拊掌大笑曰:"此画斗牛也?牛斗力在角,尾搐入两股间,今乃掉尾而斗,谬矣。"处士笑而然之。古语云:"耕当问奴,织当问婢。"不可改也。

(苏轼《东坡志林》)

（4）题跋——往观明允《木假山记》，以为文章气旨似庄周、韩非，恨不得趋拜其履舄间，请问作文关纽。及元祐中，乃拜子瞻于都下，实闻所未闻。今令其人万里在海外，对此诗为废卷终日。

（黄庭坚《跋子瞻木山诗》）

（5）诗话——"僧敲月下门"只是妄想揣摩，如说他人梦，纵令形容酷似，何尝毫发关心？知然者，以其沉吟"推敲"二字，就他作想也。若即景会心，则或"推"或"敲"，必居其一，因景生情，自然灵妙，何劳拟议哉！"长河落日圆"初无定景，"隔水问樵夫"初非想得，则禅家所谓现量也。

（王夫之《姜斋诗话》）

我们读白话作品，不管是中古的还是近代的，像这样用语不多而意义深远的几乎难于找到。

（二）押韵文体比较多

押韵起初是伴随着歌唱来的，所以早期的押韵作品，如《诗经》《楚辞》的大部分，汉乐府诗，都是可以歌唱的。这个系统向下传，文人仿作，理论上应该还是可以歌唱，事实上却大多不再谱入管弦，如魏晋以来的五言诗，以及唐人作的古体诗和近体诗都是这样。但因为这些作品终归属于可歌的系统，所以间或还是会谱入管弦，如唐朝的歌伎就曾以近体诗为歌词。词也是这样，早期是花间、尊前的歌词，到后期，文人仿作的就不再歌唱。这类作品，不管可歌还是不可歌，总之都是押韵的。至于数量，我们都知道，是大得惊人。

诗词之外，还有本来不预备歌唱，事实上也没有用它作歌词，而也押

第三章 文言的特点

韵的不少作品。照后代"诗"和"文"的习惯用法,这些押韵的作品是诗词以外的"文"。常见的有以下几种。一种是"赋"。这个体裁来源于《楚辞》,所以也称为"辞赋"。不过就入乐与否来看,两汉以来的赋与《楚辞》有分别:《楚辞》中如《九歌》是歌词;汉赋如《上林赋》《两都赋》等,六朝赋如《别赋》《哀江南赋》等,都不是歌词。不歌而押韵,所以是韵文。另外几种是"颂""赞""箴""铭""诔""祭文"(极少数用散体)。其中以"铭"的类别最多,用途最广,如刘禹锡有《陋室铭》,是贴在屋里;还可以挂在座旁,是"座右铭";写在碑文后面是"碑铭",墓志后面是"墓志铭";又任何器物上都可以刻铭,如"砚铭""琴铭"等。

诗词和押韵的文是照习惯要押韵的一些体裁。文人作诗词,写韵文,习惯了,成为癖好,有时写照例应该用散体的文章,也会忽而兴之所至,用几句韵语。最突出的例是范仲淹《岳阳楼记》,"若夫霪雨霏霏"一段,几乎连散式的句子也想凑韵。

白话文句子长了,而且常常是字数多少不等,想押韵就比较难,所以文言各体的押韵花样,唐宋以来,只见于文白夹杂的曲和弹词等作品里,到现代语的作品里就差不多绝迹了。

(三) 文体种类多

对付不同的用途,书面语言不能不分为各种体。体是按照内容不同、写法不同而分的类。不同的类有不同的名称,如"诗""赋""论""书"等。大致从汉魏间起,有些人开始注意文章作法,于是谈到文体,如曹丕《典论·论文》中有"奏议宜雅,书论宜理,铭诔尚实,诗赋欲丽"的话。到南北朝,刘勰写了一部《文心雕龙》,是文论的专著,里面卷二到卷五都是研讨各种文体的,标题是:明诗,乐府,诠赋,颂赞,祝盟,铭箴,诔碑,哀吊,杂文,

61

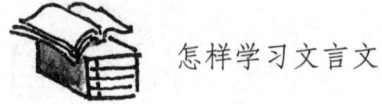
怎样学习文言文

谐隐,史传,诸子,论说,诏策,檄移,封禅,章表,奏启,议对,书记,共二十种。这不是严格的逻辑分类,如"诸子"和"论说"就不能截然分开。但可以看出,在那时期,文人心目中的文体已经很多。

稍后,昭明太子萧统编《文选》,把文体分得更细,计有:赋,诗,骚,七,诏,册,令,教,(策)文,表,上书,启,弹事,笺,奏记,书,移,檄,对问,设论,辞,序,颂赞,符命,史论,史述赞,论,连珠,箴,铭,诔,哀,碑,墓志,行状,吊文,祭文,共三十八种。萧统选文有标准,他在《文选序》中说,要"事出于沉思,义归乎翰藻",就是说,选的是美文,所以经、子、论辩文不选。如果各种性质的文章兼收,文体的数目还要多一些。《文选》给文体分类,大致是以文的名称为标准,不同名的有一个算一个,因而有些内容相近甚至相同的,如"上书"和"书",就算作两类。后代一部有名的选本,姚鼐的《古文辞类纂》,只收古文不收诗歌,分类是内容和名称兼顾,计有:论辨,序跋,奏议,书说,赠序,诏令,传状,碑志,杂记,箴铭,颂赞,辞赋,哀祭,共十三大类。这样合并,眉目清楚,正如编者在"序目"中所说:"一类内而为用不同者,别之为上下编云。"可见细分,类是还要比这多的。

文体种类多,还可以从文人的文集里表现出来。如苏轼是各体都擅长的作家,《苏东坡集》收的文体计有:诗,词,赋,铭,颂,赞,论,策问,叙,状,表,启,书,记,碑,传,青词,祝文,祭文,行状,墓志,辞,策,札子,奏议,制诰,外制,内制,乐语,差不多三十种。

文体种类多,与上层人物的排场有关系,比如同样是一封信,写给皇帝就得改个名称,叫奏章之类。白话是人民大众用的,所以许多表示排场的名称就用不着了。

第三章　文言的特点

（四）写法多有明确规格

写作，同性质的内容，用什么形式表达，模仿前人是不可免的。但模仿的方式有分别，可以亦步亦趋，也可以灵活变化。文言的许多文体像是有约束力，要求后来的作者必须亦步亦趋，就文体说就是有了明确的规格。这表现在许多方面。比较重大的有组织方面的，如赋一般是先写个引子，介绍写这篇赋的来由，名为"序"，然后才是正文；墓志铭是先写志，后写铭；赞如果不是独立的，一定要放在最后；等等。还有语言方面的，如论和奏议之类一般是用散体，启和祝文之类一定要用骈体；有的文体要全部押韵，如颂和箴之类，有的要一部分押韵，如墓志铭的铭，史传后的赞之类。

组织、语言之外，有些文体还有些格式和用语方面的小框框，如上奏章给皇帝，开头要用"臣闻"或"臣某言"起，末尾常常是表示恐惧的"不胜……之至"一类的话；史传记人，开头总是"某某，……人也"，末尾要说有什么功德，有什么著作，死后有什么哀荣，留下什么样的子孙等。

规格最明显最严格的当然是诗词。就诗说，古体诗在篇幅长短、用韵、平仄方面还有点小自由，到近体诗（律诗、绝句），格律严明，就一点点自由也没有了。比如写的是七律，就只能七言八句；如果用的是一东韵，就不许用二冬韵的字来押韵；而且一般说，中间两联要对偶；等等。词是歌词，限制不能不更严，有的地方不只要求平仄要合规定，而且要限定用哪一种仄（上、去或入），一点不能通融。

白话作品，尤其是现代的，这种种清规戒律就几乎没有了。

六　表达方面：押韵

表达是为情意服务的。同一种情意，表达的用语可以不只一种。不同

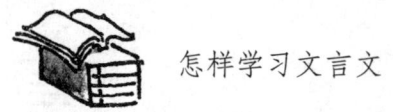 怎样学习文言文

的用语一般有高下的分别,高的不只与情意切合,而且兼有简明、典雅、声音美等优点。用语言表情达意,用力求情意切合,还想兼有简明、典雅、声音美等优点,是修辞。文言修辞方法很多,常用而现代语几乎不用的,值得特别注意的有三种:押韵、对偶和用典。

(一) 押韵及其修辞作用

文言许多体用押韵的写法,上面已经谈到。押韵是在语句中适当的地方(一般是停顿的地方),让同韵的字有规律地陆续出现。所谓同韵包括三种情况。以现代汉语为例:一是全同,如"拔 bá""拿 ná",韵母都是 á;二是主要元音相同,如"家 jiā""花 huā",主要元音都是 ā;三是收音相同,如"京 jīng""耕 gēng""工 gōng",收音都是 ng。文言押韵,道理相同,只是古音与现代汉语的音有区别,所以间或有古人押韵、用现在音读不协韵的情况,这在上面也已经谈到。至于押韵的字是否要求声调相同,各体的情况不尽一样。如近体诗就必须相同;古体诗和词,有时候上、去可以通融。

押韵是文言的一种重要修辞方法,粗浅地说,作用是好听。细致一些说,作用还可以分作两层。初步的一层是音乐性的,就是于韵律的回环往复之中,在了解意义之外,还能感受浓厚的声音美。例如读杜牧《山行》:"远上寒山石径斜,白云生处有人家。停车坐爱枫林晚,霜叶红于二月花。""斜""家""花"陆续出现,传给人的就不只是景物加心情,而且有声音美(声音美还来自平仄协调,留到下面谈)。更深的一层是意境性的,就是不同的韵还可以唤起不同的情调。例如读杜甫《后出塞》:"朝进东门营,暮上河阳桥。落日照大旗,马鸣风萧萧。"(旧属下平声二萧韵)我们会感到苍凉豪放;读王维《送别》:"山中相送罢,日暮掩柴扉。春草年

第三章 文言的特点

年绿,王孙归不归?"(旧属上平声五微韵)我们会感到凄清惆怅。这美的声音和深的意境,都是散体难于表现出来的。

(二) 各种形式

在文言作品里,押韵的情况很复杂。先说"范围"。顾名思义,押韵应该只用于韵文,可是少数散体篇章里偶尔也会见到。如《老子》就是最突出的,"有无相生,难易相成,长短相形,高下相倾"(第二章),"挫其锐,解其纷,和其光,同其尘,湛兮似或存"(第四章),等等,都是这样。上面提到的《岳阳楼记》也是好例。其次,在韵文里,押韵的范围也有全和偏的不同,如早期的赋就有不通篇押韵的,到后代,这种情况就没有了。因此,我们可以大体上说,在文言典籍里,韵文是必须押韵的。

再说押韵的"格式",这是指韵字用在什么地方。韵字一般是用在语句的末尾,所以习惯称为"韵脚"。说是一般,因为有少数例外。那是语句末尾是虚字的时候,如:

(1)参差荇菜,左右流之。窈窕淑女,寤寐求之。

(《诗经·周南·关雎》)

(2)西望夏口,东望武昌,山川相缪,郁乎苍苍,此非曹孟德之困于周郎者乎?

(苏轼《赤壁赋》)

但这种情况究竟很少见,所以我们无妨说,韵脚总是出现在语句停顿的地方。

语句末尾停顿的地方是脚,哪个脚用韵,情况不尽相同。绝大多数是

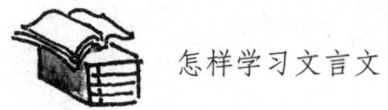
怎样学习文言文

隔句用韵,如本节举的《诗经》和上一节举的几首唐诗都是这样。古诗也有句句用韵的,传说是从汉武帝柏梁台联句开始,所以后代称为"柏梁体"(七言,句句用韵)。其实这是当时的风气,早的如汉高祖《大风歌》,末尾"扬""乡""方"都用韵;晚的如张衡《四愁诗》,虽然不是一韵到底,也是句句用韵。概括的情况是:魏晋以前,尤其乐府诗,用韵的规格不很严格,可以隔句用,也可以句句用,还可以两种办法交错着用;南北朝以后,隔句用韵成为通例,除有意仿古以外,其他形式就几乎不见了。

　　以上是就诗说,用韵以隔句为常。隔句是为了回环之中有变化。声音美,甚至语言美,"变化"是个重要的原则。句句用韵是回环多而变化少,不如上句不用而下句用,尤其平声韵,能使人获得一抑一扬的顿挫感。词与诗不同,是长短句,隔句用韵以求兼有回环、变化的声音美这个原则就不完全适用。至于韵脚如何安置,情况千变万化,我们只能说,它与近体诗大不同;近体诗是隔句用韵(第一句例外,五言以不用为多,七言以用为多);词是因调而不同,隔不隔(是否句句用韵),隔多少,都不一定。

　　用韵还有一韵到底和换韵的分别。近体诗都是一韵到底的,不限句数的排律也是这样。古体诗不一定,随作者的意,可以不换韵,如韩愈《调张籍》;可以换韵,如杜甫《兵车行》;换,可以次数少,如李白《月下独酌》"花间一壶酒"一首,只换一次;可以次数多,如白居易《长恨歌》,不只换得频繁,而且无规律(几句换一次,换平换仄,都不一定)。词因为调不同而有换不换的各种情况,一般说是以不换为常;换,以平仄交错为常。赋篇幅长,都换韵;唐宋以来科举考试作赋,还常常限定怎样换韵,如白居易作《洛川晴望赋》,题下注明"以愿拾青紫为韵",就是要求依次用四种韵。

　　押韵,韵脚用平用仄,各体也不尽同。近体诗几乎都押平声。古体诗押平押仄的都不少;赋也是这样。词押平押仄,不同的调有不同的规定(有

第三章 文言的特点

极少例外,是一调既可用平,又可用仄);有的不只规定平仄,还规定用哪一种仄,如《忆秦娥》《念奴娇》就必须用入声韵。韵脚用平用仄,大致说还和情调有些关系,如平声的情调偏于开朗,仄声(尤其入声)的情调偏于沉郁,就常常能够从词的吟诵中体会出来。

(三) 宽严和难易

押韵因体的不同而有"宽严"的分别,或者说,"同用"的范围有大小的分别,大就宽,小就严。上面讲中古音的时候已经谈到,唐宋时期韵书曾把韵分为最多206部,可是作诗(包括考试作诗)并没有把文字分为206堆,限定不许越界,而是用"同用"的办法减去几乎一半,最后剩了106部。这里说宽严,是合并为106部之后的宽严。严是分为106堆,不许越界;宽是有些堆的文字可以越界,或说再合并,成为更少的部。就体说,近体诗是严的,必须106部互不侵犯。如用的是一东韵,韵脚就不许见"冬""宗""松""恭"等字,因为那是属于二冬那一堆的。只有第一句是例外,因为第一句可用韵可不用韵,有的人作诗就灵活一下,用了"邻韵",如杜牧《清明》第二句韵脚是"魂",第四句韵脚是"村",都属于十三元,可是第一句"清明时节雨纷纷"却用了十二文的"纷"字。近体诗以外的各体,用韵都是宽的。如古体诗,东、冬,江、阳,支、微、齐,等等,邻韵的字都可以同用。词用韵与古体诗相近,少数地方比古体诗还要宽(具体情况可参考王力先生《古代汉语》或《诗词格律》)。

押韵还有难易的分别。刚说过的宽严是一种难易:宽,可用的字多,容易;反之就难。一般说难易,指严范围内的难易。因为各韵包含的字,数量和性质不尽同:数量多,字常用,容易;字数少,而且不常用,就难。以平声的30韵为例,有些韵,如上平声的四支和下平声的一先,不只包含

67

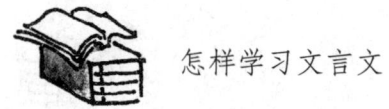
怎样学习文言文

的字多,而且常用字多,选用容易,称为"宽韵";有些韵,如上平声的五微和十二文,包含的字少,选用较难,称为"窄韵";还有些韵,如上平声的三江和下平声的十五咸,不但包含的字很少,而且有些不常用(如三江的"泷""庞""豇",十五咸的"芟""搀""衔"),选用很难,称为"险韵"。作诗词,一般是适应情意的要求,选用可用的宽韵或窄韵,躲避险韵。可是也有些人,有时候故意用险韵,以显示自己能够难中取巧,或者同时请人和,使别人为难,这就近于文字游戏了。还有,宽韵和窄韵中也有些字,意义生僻,日常生活中很少用,如果故意拿来充当韵脚,以自炫、难人,那性质就同于全诗用险韵,是玩文字游戏了。(五言排律联句,最后剩下少数难用的字,费心思用上,也是这种性质。)

七　对偶

对偶,也称为对仗(古代持兵器保卫贵人,都是左右成对,名仗,后来成为仪仗),是成双出现的意思。语句连用,对偶只是可能形成的多种形式中的一种形式。可是它个性强,色彩重,于是在文言里就成为大户,不只在各体中频繁出现,而且自己建立了独立王国:骈体。对偶花样繁多,影响深远,是文言的一种很重要的表达方式,所以需要特别注意。

(一)　对偶及其修辞作用

语句连用,有同性质同形式的词语或句子成对出现,我们称这种表达方式为对偶。如:"温故而知新,可以为师矣。"(《论语·为政》)"温故"和"知新"在句内对偶;"学而不思则罔,思而不学则殆。"(同上)逗号前后两部分对偶;"譬如为山,未成一篑,止,吾止也;譬如平地,虽覆一篑,

第三章 文言的特点

进,吾往也。"(《论语·子罕》)分号前后两部分对偶。先秦时代用对偶,推想是偶合,所以意义和声音方面的要求都不严格。后来精益求精,情况就大不同。如:"耿介之意既伤,壹郁之怀靡诉;临渊有怀沙之志,吟泽有憔悴之容。"(萧统《文选序》)"惊风乱飐芙蓉水,密雨斜侵薜荔墙。岭树重遮千里目,江流曲似九回肠。"(柳宗元《登柳州城楼寄漳汀封连四州》)我们一念就知道是有意拼凑。这样不惮烦而费力拼凑,自然同风气有关;不过风气的形成,却不能不有客观的因素。这客观的因素,《文心雕龙·丽辞》篇说:"造化赋形,支体必双;神理为用,事不孤立。"显然是以偏概全;所以不如从要求方面说,是用这种形式可以取得好的表达效果。说具体一些,还可以分作意义和声音两个方面。意义方面,对偶的两部分互相衬托,互相照应,所表达的意思就会显得更加充沛,更加明朗,更加精确。声音方面,对偶的两部分此开彼合,此收彼放,韵律可以显得抑扬顿挫,节奏鲜明,和谐悦耳。表达方面的这种优点,可以从许多流传的名句中体察出来。举唐朝的两处为例:"一抔之土未干,六尺之孤何托(旧是仄声)。"(骆宾王《讨武曌檄》)"落霞与孤鹜齐飞,秋水共长天一色。"(王勃《滕王阁序》)我们可以仔细吟味一下,如果不用对偶,想取得这样的效果是很难的。

(二) 早期的对偶

语句形成对偶,要满足一些条件。对偶有粗有精,粗,需要满足的条件少;精,需要满足的条件多。这里先说粗的或说低的要求,条件是两个。一个属于意义方面,是对偶的两个字(或说两个词)的意义要是同一类中的不同个体。如"山"和"树","飞"和"看","贫"和"富",都可以归入同一类,用语法术语表示,它们分别属于名词、动词和形容词。所谓

怎样学习文言文

不同个体,是"山"不能对"山","富"不能对"富";但"之""而""以"之类的虚字例外,相对的两方可以同用一个(律诗和对联又是例外,虚字也不许同用一个)。另一个条件属于声音方面,是对偶的两部分要字数相等,也就是音节的数目相等。如"渊"可以对"泽","芙蓉"不能对"柳"。这个要求之所以能够提出来,而且不难满足,是因为汉语有一个字表示一个音节的特点,而且文言词的绝大多数是单音节;如果字的音节不是匀称如贯珠,满足这个要求就难于做到。意义同类、音节数目相等是低的要求。早期,大致是先秦、两汉或稍后,因为这样写一般不是用意的,所以形成的对偶多数还不能满足这低的要求。如:

(1)得道者多助,失道者寡助。

(《孟子·公孙丑下》)

(2)君子游道,乐以忘忧;小人全躯,说(悦)以忘罪。

(杨恽《报孙会宗书》)

(3)外无期功强近之亲,内无应门五尺之僮。

(李密《陈情事表》)

例(1)和例(2),两部分都用了相同的字。例(3)不只用了相同的字,"期功强近"和"应门五尺"也只是总的意义相对,而不是字字的意义相对。有时候还可以更差。如:

(4)青,取之于蓝,而青于蓝;冰,水为之,而寒于水。

(《荀子·劝学》)

(5)夫皇皇求财利,常恐乏匮者,庶人之意也;皇皇求仁义,常

第三章　文言的特点

恐不能化民者,大夫之意也。

（董仲舒《举贤良对策》三）

这是只求总的意义相对,而放弃了字数相等。这个时期,间或有对得比较好的,那也只是偶合。如：

（6）偃王仁义而徐亡,子贡辩智而鲁削（旧是仄声）。

（《韩非子·五蠹》）

（7）囊括四海之意,并吞八荒之心。

（贾谊《过秦论》）

早期的对偶,除粗而不精以外,还有个特点,是夹用在散体中,处于附属地位。如：

（8）臣闻得全者昌,失全者亡。舜无立锥之地以有天下,禹无十户之聚以王诸侯,汤武之土不过百里,上不绝三光之明,下不伤百姓之心者,有王术也。故父子之道,天性也；功臣不避重诛以直谏,则事无遗策,功流万世。臣乘愿披腹心而效愚忠,惟大王少加意,念恻怛之心于臣乘言。

（枚乘《上书谏吴王》）

这段文章对偶用了不少,可是我们读了总会感到,这些都是随手拈来,让它们为叙说的散体服务,与后来的字斟句酌作骈体是有很大距离的。

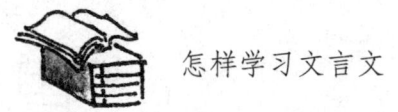
怎样学习文言文

(三) 骈体的对偶

对偶有高的要求,是需要满足的条件更细致。条件的一个也属于意义方面,是相对的两个字不只可以归入一个大类,而且可以归入一个小类。以事物的名称为例,"花"和"马"可以归入名词的大类;"花"和"草"不只可以归入名词的大类,而且可以归入名词中植物的小类。好的对偶要求相对的两个字最好属于一个小类。条件的另一个也属于声音方面,是对偶的两部分不只要字数相等,而且要相对的字平仄不同。这所谓平仄不同,主要是指节奏上占重要地位的那个字。以律诗为例,是以两个音节为一个单位,重点在后一个音节,所以"烽火"(平仄)可以对"家书"(平平),不许对"谷水"(仄仄)。文的对偶道理也是这样,不过因语句的结构不同而有些变化,如"望长安于日下,指吴会于云间"(王勃《滕王阁序》),重点在第三字和第六字,而不是两个音节的第二个字。声音方面要求的加细,魏晋时期已经有了苗头,如"行则连舆,止则接席(旧是仄声)"(曹丕《与吴质书》),"倚南窗以寄傲,审容膝(旧是仄声)之易安"(陶渊明《归去来辞》),像是都有雕琢的痕迹。但这是靠感性摸索,也就是如沈约所说:"高言妙句,音韵天成,皆暗与理合,匪由思至。"(《宋书·谢灵运传论》)所以难免有时中的,有时不能中的。到南朝齐、梁时期,情况就不同了,沈约等受佛教译经中梵语拼音的启发,创四声、八病等说法,其后,平仄协调的要求及其理论根据就越来越明显,对偶就都是精雕细琢了。精雕细琢是尽力求满足意义和声音两方面的条件。可是这两方面条件的约束力有分别:意义方面的属于同一小类是"最好",就是说,没做到也可以;声音方面的平仄不同是"必须",不这样就是违反格律。

这里就文说,由魏晋起,对偶渐渐走向"意义的类相近""平仄不同""骈句比例增加""多用四六句",并且渐渐地在有些篇里就喧宾夺主,于是产

第三章 文言的特点

生了骈体。散体和骈体有界限问题。同有些事物一样，截然分作两堆是不容易的。昔人的看法偏于宽，如李兆洛编《骈体文钞》，收秦汉的李斯《谏逐客书》和贾谊《过秦论》，这是其中用了些对偶就算。我的想法，文是否算骈体，应该以对偶是否占主导地位为决定条件。语句形成对偶，可以是偶合的，但数量不多；大量并连续地出现工整的对偶，总是用意雕琢的结果。骈体应该是出于用意雕琢。雕琢，精益求精，于是从齐、梁起，一是对偶的比例越来越增加，二是四字句、六字句的比例越来越增加，到南朝晚期及其后，通篇对偶、基本上四六的标准骈体就形成了，如大家熟悉的徐陵《玉台新咏序》和王勃《滕王阁序》就是。骈体多用四六句，对偶除要求意义同类、平仄不同以外，还在四六的交错中求变化，如对偶可以是四对四，六对六，也可以是四六对四六，六四对六四。无论什么形式，"之""而""以"等虚字还是不避重复。

对偶的表达方式还不只侵入散体的文，成为骈体，还侵入韵文的赋，成为"骈赋"，形式是既对偶又押韵，如有名的江淹《恨赋》《别赋》就是这样。这种写法到唐宋列入考试的科目，成为"律赋"，对偶的要求就更严格了。

（四）律诗的对偶

对偶成为通用的表达方式，精益求精，于是有些人就注意各种规格的研究。沈约的八病（平头、上尾、蜂腰、鹤膝等）说，探讨的是声音方面的规格，意思是想平仄协调，就必须如此，不许如彼。意义方面，《文心雕龙·丽辞》篇说对偶有四类：言对和事对，反对和正对。到唐朝，有个日本和尚名遍照金刚，来唐朝留学，回去写了一部《文镜秘府论》，介绍唐朝人作诗的各种讲究，其中把对偶分为的名对、隔句对、双拟对等二十九类（兼

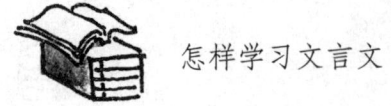

怎样学习文言文

声音方面）。以后，供作诗赋查考的类书大多把辞藻分为天文、时令、地理等若干部。实际用对偶，分部还要更细，如颜色对颜色，数目对数目，人名对人名，甚至干支对干支，年号对年号，等等。这些繁琐的讲究，或者说精粹的对偶，最集中、最突出地表现在律诗中。律诗包括五律和七律，一般说，中间两联要对偶。声音方面的要求，是两个音节为一个单位（后一个是重点），要变（不许与邻近的单位重复）。如：

五律
仄仄平平仄
平平仄仄平

七律
平平仄仄平平仄
仄仄平平仄仄平

就开头一个单位说，向右看变了，向下看也变了。不变是不合规律，称为"失对"。失对的句子称为"拗句"，可以补救，称为"拗救"。两联的格式也不许重复，如第三句是仄起式（第二字是仄声），第五句就要平起，不变是"失粘"。就对偶说，这些都是附属的，可以不多说。

与声音方面相比，意义方面的讲究就多多了。先说一般的要求，是最好相对的两个字属于同一小类，如"春"对"夏"，"百"对"千"，是"工对"。不得已而取其次，如"天"对"夏"（天文对时令），"杜甫"对"邯郸"（人名对地名），是"邻对"。再其次就只是同类词对同类词，是"宽对"。律诗几乎不用"之""而""以"等虚字，万一用到，上下联也不许同用一个。对偶工整是律诗的本分要求，本分之外还有一些常见的花样，举几种习见的为例。一种是"当句对"，如戴叔伦《江乡故人偶集客舍》："风枝惊暗鹊，露草泣寒虫。""风枝"和"暗鹊"，"露草"和"寒虫"，都在句内对偶。这种写法如果用在律诗的一联里，自然就成为多层次的对偶。另一

第三章　文言的特点

种是"流水对",如陈陶《陇西行》:"可怜无定河边骨,犹是春闺梦里人。"是上下联合成一句话,有如流水一贯而下。另一种是"借对",如温庭筠《苏武庙》:"回日楼台非甲帐,去时冠剑是丁年。""丁"在这里是成年的意思,可是它也有甲乙丙丁的"丁"的意义,于是借来,使它和上联的"甲"构成干支对。还有一种是"扇面对",又名"隔句对",如郑谷《寄裴晤员外》:"昔年共照松溪影,松折碑荒僧已无;今日还思锦城事,雪消花谢梦何如。"是第一句和第三句对偶,第二句和第四句对偶。再有一种是"错综对",如李群玉《同郑相并歌姬小饮戏赠》:"裙拖六幅湘江水,鬓耸巫山一段云。"(七律第一联)是上联的第三、四字与下联的第五、六字对偶,上联的第五、六字与下联的第三、四字对偶。此外,对偶还可以貌离神合(意对),如崔颢《黄鹤楼》:"黄鹤一去不复返,白云千载空悠悠。"字不完全相对,意思却恰好相反,可以构成好的对偶。总之,不管是本分之内还是本分之外,作律诗的人都不只求工整,而且求奇求巧,也就是在对偶方面不惜耗费大量的心思。

（五）　其他方面

对偶的表达方式,以及它的成果,长时期受到多数人的喜爱。喜爱,乐于运用,因而它就像竹根一样,遇到合适的水土就发荣滋长。滋长,都占了哪些地盘,难得详说,这里只谈三个方面,算作举例。

一个是"对联",早期是写了或刻了悬在门两旁的柱上,所以又叫"楹联"。推想起初是采用律诗中有吉祥、华丽的辞藻的一联,用作装饰。既然是装饰,它就既可以在门外,也可以在室内,于是渐渐,请名人作对联、写对联的风气就大兴。由这装饰性的对联分出一个旁支,是"春联",现在还在用。还岔出另一个旁支,性质几乎走到相反的一面,是"挽联",也是现

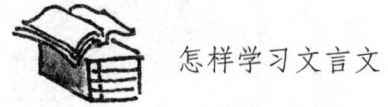
怎样学习文言文

在还在用。对联来自律诗的对偶,可是附庸成为大国,自己编造了许多新花样。如字数可以少到三四个,也可以多到几十个甚至上百个;语句的风格可以同于诗,也可以同于文(用虚字);更加用力追求工巧,争奇斗胜。所有这些,旧时代的文人都觉得很有意味,有些人还为此写了专书,如梁章钜的《楹联丛话》就是其中比较有名的。

另一个是"八股文",其中对偶有特点,是成段的散体和成段的散体对,前面曾举例,不重复。

还有一个,应该着重说一说,是唐宋以来,古文运动胜利之后,有不少文人,或者由于爱好,或者由于读骈体多了不知不觉,作散体文章也常常夹用一些对偶。如:

(1) 盖亭之所见,南北百里,东西一舍,涛澜汹涌,风云开阖,昼则舟楫出没于其前,夜则鱼龙悲啸于其下,变化倏忽,动心骇目,不可久视,今乃得玩之几席之上。

(苏辙《黄州快哉亭记》)

(2) 然杭人游湖,止午、未、申三时。其实湖光染翠之工,山岚设色之妙,皆在朝日始出,夕舂未下,始极其浓媚。

(袁宏道《西湖二》)

(3) 抑思善相夫者,何必尽识鹿车、鸿案?善教子者,岂皆熟记画荻、丸熊?自文人胸有成竹,遂致闺修皆如板印。与其文而失实,何如质以传真也?

(章学诚《古文十弊》)

文章分别出于宋、明、清三代,都是散体中夹用对偶。这样写,坚守古

第三章 文言的特点

文壁垒的人或者会看作不合适，因为还是没有清除"选派"的"恶习"。其实，平心而论，时时处处留神，躲避对偶，也同样是恶习。行文最好是任其自然，宜于散则散，宜于骈则骈。有的人还更进一步，如编《骈体文钞》的李兆洛和评点此书的谭献，主张文章就"应该"骈散合一，不这样就不能达到简洁自然的境界。

八　用典

用典是借古事古语说今意的一种表达方式，文言作品，尤其在有些体裁里（如骈体），几乎句句离不开它，就是散体，如果不夹用一些，旧时代的文人也会感到不够典雅。用典的效果是典雅，所以两千年来，不管写和读因此而如何费力，还是不得不把它看作高妙的表达方式，不只乐于接受，而且争取大量地使用。

（一）　文言的典故

典，来自旧的，所以也称为"典故"。用典，也称为"用事"或"隶事"，用定义的形式说是：用较少的词语拈举特指的古事或古语以表达较多的今意。如：

（1）杨意不逢，抚凌云而自惜；钟期既遇，奏流水以何惭？

（王勃《滕王阁序》）

（2）比往来南北，颇承友朋推一日之长，问道于盲。

（顾炎武《与友人论学书》）

77

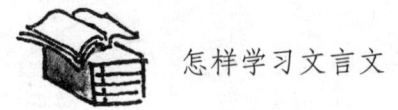 怎样学习文言文

例(1)用的是古事:杨得意推荐司马相如,见《汉书·司马相如传上》;钟子期理解伯牙的琴意,见《列子·汤问》。例(2)用的是古语:"以吾一日长乎尔",见《论语·先进》;"求道于盲",见韩愈《答陈生书》。不管是古事还是古语,表达的意思都是今的:"杨意不逢"的事表示有才而未得赏识,"钟期既遇"的事表示现在受到尊重,将不客气而作诗作序;"推一日之长"的语表示自己因年岁大些而受到尊重,"问道于盲"的语表示客气,说自己毫无所知。从上面的例子可以知道,用典要具备三个条件。一是引古以说今。如孟子说:"当尧之时,水逆行,泛滥于中国,蛇龙居之,民无所定。"(《孟子·滕文公下》)是引古说古,不是用典。二是所引古事古语是特指的。特指就是指某"一"个,或说有出处。如上面所引"杨意不逢""推一日之长"等都是指某一个,都有出处,所以是用典。反之,如泛泛说"勤学",古人当然也常说,可是不是指某一人的某一次,就不是用典。三是语不繁而意丰富。所谓丰富,有时是意的量多,有时是意思委婉曲折,这留到下面再说。

在文言作品里,用典多少同文体有密切关系,概括说,偏于应酬的多藻饰的文体用典多,偏于经世的求平实的文体用典少。因此,如集部和子、史相比,前者用典多,后者用典少;骈体和散体相比,前者用典多,后者用典少。用典多少还同时代有密切关系,是早期用得少,越靠后用得越多。原因是古事古语的库存随着时代增加,时代靠后就有更多的典故可用。这情况还会产生另外两种情况:一种是用典成为风气,执笔为文,有意也好,无意也好,总不能不随波逐流,也用;另一种是用典表示熟悉古事,雅驯有学,这是很了不起的荣誉,所以文人总是愿意多用。因为尽力多用,所以我们翻开文言典籍就会处处碰到典故。所谓处处,是不只诗文各体,也在诗文以外。这包括很多门类,如诗人孟浩然,史学家胡三省,"浩然"

第三章 文言的特点

用《孟子·公孙丑上》"我善养吾浩然之气","三省"用《论语·学而》"吾日三省吾身",这是人名用典;沧浪亭,知不足斋,前者用《孟子·离娄上》"沧浪之水清兮",后者用《礼记·学记》"是故学然后知不足",这是地名用典;《齐东野语》,《扪虱新话》,前者用《孟子·万章上》"齐东野人之语也",后者用《晋书·王猛传》"扪虱而言",这是书名用典。其他可以类推。

（二）明用和暗用

用典有明用暗用的分别。先说明用,其中还有等级的分别。有些最明显,不但照录原文,而且指出出处。如：

（1）《诗》云："如切如磋,如琢如磨。"

（《论语·学而》）

（2）《书》不云乎？"好问则裕。"

（刘开《问说》）

（3）老子疾伪,故称"美言不信"。

（《文心雕龙·情采》）

有些引用原文而略加变化,表示有出处而不具体指出。如：

（4）传曰："天不为人之恶寒而辍其冬……"

（东方朔《答客难》）

（5）殷因夏,周因殷,继周之损益,百世可知,圣人盖已预言之矣。

（马端临《文献通考序》）

（6）而曰言之不文,行之不远云者……

79

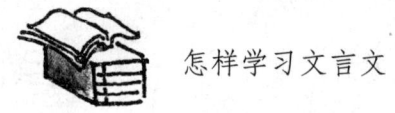
怎样学习文言文

（王安石《上人书》）

例（4）所谓"传"是指《荀子·天论》；例（5）所谓"圣人"是指孔子，出处是《论语·为政》；例（6）"曰"的出处是《左传》襄公二十五年。有些明显的程度又差一些，只是间接表示有出处。如：

（7）所谓诗人丽则而约言，辞人丽淫而繁句也。

（《文心雕龙·物色》）

（8）臣闻五音令人耳不聪，五色令人目不明。

（陆凯《谏吴主皓疏》）

（9）如优孟摇头而歌。

（黄宗羲《柳敬亭传》）

例（7）的"所谓"表示前人说过，这前人是扬雄，出处是《法言·吾子》；例（8）的"闻"也表示前人说过，这前人是老子，出处是《老子》第十二章；例（9）的"如"表示以前有过，这以前是《史记·滑稽列传》。还有些明显的程度更差，我们只能由口气推测有出处。如：

（10）夫桃李不言而成蹊，有实存也。

（《文心雕龙·情采》）

（11）盖儒者所重，尤在于名实。

（王安石《答司马谏议书》）

（12）人亡弓，人得之，又胡足道？

（李清照《金石录后序》）

第三章 文言的特点

三个例都有"正如古人所说"的意味,所以同样可以算作明用。例(10)是引用《史记·李将军列传》:"桃李不言,下自成蹊。"例(11)是引用《孟子·告子下》:"先名实者,为人也。"例(12)是引用《孔子家语·好生》:"人遗弓,人得之。"

再说暗用。暗用也有等级的分别。有些虽然不表示是用典,可是照录原文。如:

(13)鬼之为言归也。

(《汉书·杨王孙传》)

(14)人生几何?离阔如此!

(白居易《与微之书》)

(15)既睹其人,则瞻之在前,忽焉在后。

(《后汉书·黄宪传》)

例(13)是引用《尔雅·释训》;例(14)的"人生几何"是引用曹操《短歌行》;例(15)的"瞻之在前,忽焉在后"是引用《论语·子罕》。有些是引用原文而有所增减。如:

(16)逝者如斯,而未尝往也。

(苏轼《赤壁赋》)

(17)伤心桥下春波绿,曾是惊鸿照影来。

(陆游《沈园》)

(18)人非生而知之者,孰能无惑?

(韩愈《师说》)

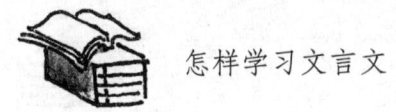
怎样学习文言文

例(16),《论语·子罕》作"逝者如斯夫";例(17),曹植《洛神赋》作"翩若惊鸿",这都是有所减;例(18),《论语·季氏》作"生而知之者",这是有所增。有些变化更大,是改动一部分。如:

(19)有二军将……号虎冠。

（高启《南宫生传》）

(20)盖尝慨然有江湖之思。

（陆游《烟艇记》）

(21)室唯四壁。

（孟棨《本事诗·情感》）

例(19),《史记·酷吏列传》作"虎而冠";例(20),潘岳《秋兴赋》作"有江湖山泽之思";例(21),《汉书·司马相如传上》作"家徒四壁立"。还有拆散原文,随意组织的。如:

(22)外人颇有公孙布被之讥。

（司马光《训俭示康》）

(23)他日趋庭,叨陪鲤对。

（王勃《滕王阁序》）

(24)可以其似赋而谓之雕虫乎?

（苏轼《答谢民师书》）

例(22),《汉书·公孙弘传》作:"弘位在三公,奉(俸)禄甚多,然为布被,此诈也。"例(23),《论语·季氏》作:"尝独立,鲤趋而过庭,

第三章 文言的特点

曰：'学诗乎？'……"例（24），扬雄《法言·吾子》作："或问：'吾子少而好赋？'曰：'然，童子雕虫篆刻。'俄而曰：'壮夫不为也。'"

典故明用，有好处，是容易理解，不必费力找出处。但是可惜，由数量方面看，尤其汉魏以后，明用的并不多。这是因为，暗用，尤其随意组织暗用，像是随手拈来就化入自己的文字，显得自然；而且可以表示自己熟于古典，不把这看作一回事。这严格说是旧时代文人喜欢炫学的坏习气，影响即使不说是很坏，也是很大，因为文言作品难读，这是若干原因中很重大的一个。

（三） 用典的利弊

用典，借古说今，是文言的一种重要表达方式。重要，常用，当然是因为这样表达有好处。好处大致有以下几个方面。

一是引古，意思的分量可以加重。因为所引古事古语几乎都是名人之事，名人之言，甚至圣贤之事，圣贤之言，其正确性是不容置疑的，自己笔下用了，就会有更大的说服力量。如上一节例（8）反对声色的享乐，引用老子的话，比说自己认为如何如何，力量就大多了。

二是熟于古事古语，用典常常比用自己的话更省力。如上一节例（15）用"瞻之在前，忽焉在后"（原是形容孔子的）形容黄宪人品的高不可及，如果不用典而自编，那就会很费力。周密《浩然斋雅谈》有一段话更可以说明这种情况："东坡《赤壁赋》多用《史记》语，如杯盘狼藉，归而谋诸妇，皆《滑稽传》；正襟危坐，《日者传》；举网得鱼，《龟策传》。"

三是用典可以以简驭繁，就是用较少的词语表达较多的意思。如上一节例（21）"室唯四壁"，只四个字，表达的意思是既很穷，又有才学，像汉朝的司马相如，虽暂时困顿而将来必有大名。在用典的一些好处里，这以简驭繁的好处分量最重，力量最大，它常常使执笔的人"不能不用"。这种强制性最明显地表现在作诗方面。尤其律诗，或五言，或七言，字数有限制，还要对偶，有些意思，不用典就很难写出来，如孟浩然《宴梅道士山房》"忽逢青鸟使，邀入赤松家"一联就是这样。

四是用典可以唤起联想，因而意思就显得深刻或更生动。如上一节例（14）的"人生几何"，读过曹操诗的人就会联想到"譬如朝露，去日苦多"，因而意思就更加深刻；例（17）以"惊鸿"代美貌女子，熟悉《洛神赋》的人就会联想到洛神的美，因而意思就更加生动。

五是用典可以使语言委婉，表难言之意或难写之情，也就是平常话不好说的，可以用典故表示。如《资治通鉴》记淝水之战，苻坚大军南下，谢安故作镇静，桓冲很忧虑，说："天下事已可知，吾其左衽矣！""左衽"是用典（出于《论语·宪问》），等于说我要当亡国奴了，"亡国"的话不好明说，用典就委婉多了。又如李商隐《无题》诗的一联，"贾氏窥帘韩掾少，宓妃留枕魏王才"，写男女越轨的情事，如果不用典，简直就无法下笔。

可是用典也有弊。小弊是古事古语未必完全同于今的情况，引用，意思会不切合，甚至似是而非。如王勃在《滕王阁序》中说自己是"冯唐易老，李广难封"，其实那时候他才二十多岁，也不像李广，有抗匈奴的大功。大弊就严重多了，主要是暗用的，近于谜语，先要由谜面猜出谜底，然后才能确切了解是什么意思。使用语言，目的是求人了解，用典的结果常常是难于了解，所以是作茧自缚。所谓难于了解，有程度的差别。程度浅的可以望文生义，虽然这字面的义未必像典故所含的那样深。如：

（1）百姓孰敢不箪食壶浆以迎将军者乎？

第三章 文言的特点

(《三国志·诸葛亮传》)

(2)莫不闻陇水而掩泣,向关山而长叹。

(庾信《哀江南赋》)

(3)酌贪泉而觉爽,处涸辙以犹欢。

(王勃《滕王阁序》)

例(1)是引用《孟子·梁惠王上》"箪食壶浆以迎王师";例(2)是引用古诗《陇头歌》"陇头流水……涕零双堕";例(3)是引用《晋书·吴隐之传》饮贪泉而心不变的故事和《庄子·外物》车辙中鲋鱼求救的故事。像这些,我们不知道出处也大致可以了解。有些就不然。如:

(4)一登龙门则声誉十倍。

(李白《与韩荆州书》)

(5)情在骏奔,自免去职。

(陶渊明《归去来辞》)

(6)凡此类,知者遇之。

(王夫之《姜斋诗话》卷下)

例(4)是引用《后汉书·李膺传》"士有被其容接者,名为登龙门";例(5)是引用《诗经·周颂·清庙》"骏奔走在庙";例(6)是引用《庄子·齐物论》"一遇大圣知其解者,是旦暮遇之也"。像这些,如果不知道出处,确切了解就难于做到。还有少数,如果不知道出处还会误解。如:

(7)愿言之怀,良不可任。

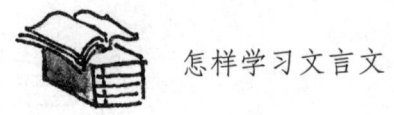怎样学习文言文

(曹丕《与吴质书》)

(8)不然,臣有赴东海而死耳。

(胡铨《戊午上高宗封事》)

例(7)是引用《诗经·邶风·二子乘舟》"愿言思子,中心养养";例(8)是引用《战国策·赵策三》鲁仲连的话"则连有赴东海而死矣"。文中的"愿言"是歇后语,等于说"思子";"赴东海而死"不过是用古典表示不想再活下去,并不是真要跳东海。

暗用有弊端,依理应该尽量避免。实际却不是这样,而是更有甚者。一种是挖空心思用僻典,就是到一般人不看的书里去找古事古语,嵌在诗文中,以表示自己博学。如苏轼的咏雪诗曾用"玉楼"和"银海",王安石知道出自道书,大为赞叹。另一种是尽力避常语,可用今而偏偏用古。如沈义父《乐府指迷》说:"如说桃不可直说破桃,须用红雨、刘郎等字;如咏柳不可直说破柳,须用章台、灞岸等字。"就是这种情况。这类用典的流弊,文言作品中也不少见。

(四) 典故的凝缩

读文言作品,如果没有注解,用典的表达方式常常使人头疼。当然,它也有可喜的一面。至于旧时代的文人,大概看到的都是可喜的一面,因而不只愿意用,而且把其中的有些凝缩为词语(包括成语),放在口边、手头,翻来覆去地用,并向下传递,以致我们觉得这些是日常的词汇,不是用典。如:革命,出于《易经·革卦》"汤武革命";瓜代,出于《左传》庄公八年"及瓜而代";舆论,出于《晋书·王沉传》"听舆人之论";挑战,出于《史记·高祖本纪》"若汉挑战";东道主,出于《左传》僖公三十年"舍

第三章 文言的特点

郑以为东道主";莫须有,出于《宋史·岳飞传》"其事体莫须有";明哲保身,出于《诗经·大雅·烝民》"既明且哲,以保其身";朝三暮四,出于《庄子·齐物论》"朝三而暮四";同流合污,出于《孟子·尽心下》"同乎流俗,合乎污世";乐极生悲,出于《淮南子·道应训》"夫物盛而衰,乐极则悲"。这类词语是我们现在还在用的,这就更可以说明用典的根柢之深,势力之大。

第四章 名物种种

讲文言,读文言,主要的要求是能够透彻而正确地理解。要理解,而且要透彻、正确,这自然不很容易。不容易有种种原因,其中一个相当重大的是,对过去的"名物"不熟悉。文字是客观情况的写照,所谓能理解,是透过文字,恰如其分地觉知文字所反映的客观情况。因此,如果不熟悉客观情况,只是识字,其结果有时候就会像雾里看花,想看的是花,而所见的是雾,至多只看到迷离恍惚的花。从这种意义上说,熟悉客观情况较之识字并非次要。文言所反映的生活情况是过去各个时代的,而过去的生活情况,与现代的相比,有相当多的一部分,或者大异,或者小异;即使是小异,如果不熟悉,也就不能透彻而正确地理解。记得年轻时候,读到下面的句子:

第四章 名物种种

（1）寝不**尸**。

（《论语·乡党》）

（2）外无期功强近之亲，内无应门五**尺**之僮。

（李密《陈情表》）

（3）桓玄既篡位后，御**床**微陷，群臣失色。

（《世说新语·言语》）

（4）王浑与妇钟氏共坐，见武子（王浑之子）从庭过，浑欣然谓妇曰："生儿如此，足慰人意。"妇笑曰："若使**新妇**得配参军（王伦，王浑之弟），生儿故可不啻如此。"

（同上书《排调》）

心里总是似解非解，将信将疑。尸，旧注是偃卧如死尸，也就是面朝上背朝下，这样睡也相当舒服，为什么不可以呢？身高五尺，将近一米七了，古代儿童怎么这样高呢？皇帝接见群臣，为什么躺在床上呢？钟氏已经有了很大的孩子，为什么自称新妇呢？后来才明白：寝不尸，可能是因为古代有俯身葬法，像死尸一样面朝下睡，这当然不好；古时候尺小，五尺合现在三尺多；床当时是坐具；六朝时候，女子出嫁以后，上有长辈就自称新妇。起初不能透彻而正确地理解，就是因为不熟悉古代的名物。

从讲读文言的角度看，有关名物的困难大致可以分为两个方面。一方面，严格讲不是名物问题，只是名称古今不同，而实质无大差异。例如宋朝所谓"瓦子"，大致相当于现在的"市场"或"商场"，明朝所谓"直裰"，大致相当于前些年男子穿的长袍，等等。这是古今词汇的差异，这里可以不谈。名物的真正困难来自另一方面。这就性质说又可分为两种：

一种是属于社会组织和人事活动方面的。例如：

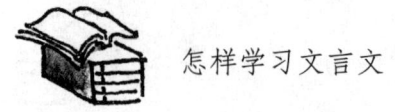
怎样学习文言文

(5) 临江哀王阏,以孝景前二年立。三年薨,无子,国除为郡。

(《汉书·景十三王传》)

(6) 董生举进士,连不得志于有司。

(韩愈《送董邵南序》)

例(5),"国"是汉朝封王的皇帝子孙占有的封地,因为被封的王死后无子,所以"国"撤销,封地收回,改为由中央统辖的郡;例(6),"举进士"是投考进士,"连不得志于有司"是考官(通常是礼部侍郎)几次都不赏识他的文章,没有考中。

另一种是属于劳动创造的生活资料方面的。例如:

(7) 龟足以宪臧否,则宝之。

(《国语·楚语下》)

(8) 先帝哀边人之久患,苦为虏所系获也,故修障塞,饬烽燧。

(《盐铁论·本议》)

例(7),"龟"是整治好了的供占卜用的龟甲。例(8),"烽燧"是古代边境高处设立的烽火台,点火报警,白天称"燧",夜里称"烽"。

上举"国除""烽燧"等名物,因为涉及人类生活的各个方面,内容自然很复杂。过去讲这类名物的书,主要有正史的"志",如天文志、地理志、选举志、食货志等。史志之外,还有所谓"政书",如唐朝杜佑的《通典》,宋朝郑樵的《通志》,更详尽的是元朝马端临作的《文献通考》,内容包括田赋、钱币、户口、职役、征榷、市籴、土贡、国用、选举、学校、职官、郊社、宗庙、王礼、乐、兵、刑、舆地、四裔、经籍、帝系、封建、象纬、物异、

90

第四章　名物种种

共二十四门。政书内容虽然这样复杂,可是缺漏仍然在所难免。原因是:一、历来讲这类名物的书都着眼于与政务有关的大事,至于只与小民有关的一些所谓小节,自然就遗漏了。二、文字有限而客观情况无穷,想巨细无遗当然做不到。这样,就讲读文言说,有时就会使透彻而正确的理解很不容易。

这个困难,对初学的人说,要求短期内完全解决自然不切实际;不过,既然要讲读文言,我们就不能不要求了解困难的性质,以及解决的途径。了解了性质,认识了途径,读多了,渐渐熟悉,逐步解决还是不很难的。以下简略地说说解决名物困难的应注意之点。

名物种类太多,内容太繁,这里只得泛说,由一斑以窥全豹。还是由讲读的角度看,需要注意的有各种情况。一种情况是,有些名物,其名称和内容都是古有而今无,例如:

(9)(鲁昭公)娶于吴为同姓,谓之吴孟子,君而知礼,孰不知礼!

(《论语·述而》)

(10)(腾蛟)调口北道,才谞精敏,所在见称。遭母忧,巡抚刘永祚荐其贤,乞夺情任事,腾蛟不可,固辞。

(《明史·何腾蛟传》)

(11)昔有夸夫,终身未膺一命,好袭头衔,将死,遍召所知,筹计铭旌题字。或询其意,假借例封、待赠、修职、登仕诸阶,彼皆掉头不悦。最后有善谐者,取其乡之贵显,大书勋阶、师保、殿阁、部院、某国某封……

(章学诚《古文十弊》)

(12)礼有以文为贵者,天子龙衮,诸侯黼,大夫黻,士玄衣纁裳。

怎样学习文言文

（《礼记·礼器》）

（13）夫刍狗之未陈也，盛以箧衍，巾以文绣，尸祝斋戒以将之。

（《庄子·天运》）

（14）（苏武）杖汉节牧羊，卧起操持，节旄尽落。

（《汉书·李广苏建传》）

例（9），鲁国和吴国都是文王之后，同姓，吴国的女子应名什么"姬"，鲁国君娶她，犯同姓不婚之禁，所以改名吴孟子（什么"子"是殷朝女子），图蒙混过关。例（10），"母忧"是因丧母而丁忧，须辞官回家守制；"夺情"是夺守制之情，不让辞官。例（11），"例封"什么，"待赠"什么，修职郎，登仕郎，都是小官衔；某某勋官，某某阶官（二者都指品级高的），师、傅、保，殿阁大学士，部尚书、侍郎，都察院御史，某国公或侯，都是大官衔。以上这些社会生活方面的花样都是现在所没有的。例（12）、（13）、（14）的龙衮、黼、黻、玄衣纁裳，刍狗，节，这类器物也是现在所没有的。因为现在没有，见到面生，不弄清楚其实质，就不能算是透彻而正确地理解了文字。

另一种情况是，有些名物，名称古今通用而内容大异或小异，例如：

（15）主人东楹东北面拜，尸复位，尸与侑皆北面答拜。

（《仪礼·有司彻》）

（16）（宗仪）洪武六年聘修大明日历，授翰林编修。乞改太平府教授，召为国子助教。

（《明史·陶宗仪传》）

（17）（鸿）为人赁舂，每归，妻为具食，不敢于鸿前仰视，举案齐眉。

第四章　名物种种

（《后汉书·梁鸿传》）

（18）（修）常步行，以百钱挂杖头，至酒店便独酣畅。

（《晋书·阮修传》）

例（15），"尸"，现在只指死尸，所以不能动；古代兼指扮演受祭的死者的人，所以能"复位"，能"答拜"。例（16），"教授"是府学的官，"助教"是国子监的官，都与现在的大专教师职称不同。例（17），"案"是食案，长方形，平面四边有沿，下有四短足的托盘，与现在的办公桌、书桌大不同。例（18），"钱"是有方孔的圆形铜币，不是现在的长方形纸币，所以可以用绳穿起来挂在杖头。这些，因为名同而实异，遇见的时候尤其要注意。

还有一种情况，文字谈当时事而引用古名，于是名物就具有双重身份。例如明清时候，乡试考中称为举人，文人笔下经常喜欢古雅一些，称为"举孝廉"，这是把汉朝的选举制度移到后代用了。又如读清朝早年的文章，有时看到"某宗伯"，这是说的"钱谦益"，因为他做过南明的礼部尚书，这个官相当于《周礼·春官》的"大宗伯"，又因为他投降清朝以后又得了罪，著作成了禁书，人也就不好出头露面，所以以"某"代之。像这类蒙着双层面纱的名物，文言里很有一些，读的时候也要注意。

此外，还有一种情况，字面像是与名物无关，而骨子里却隐藏着名物。例如晋庾翼、孙盛著史，都名《晋阳秋》，而不名《晋春秋》，这是因为要避简文帝郑太后（名阿春）的讳。同样，唐朝人写文章，应该说"治乱"的地方要改说"理乱"，这是避高宗李治的讳。避讳之外，还有赐姓和改名，也属于这一类。例如读唐初的历史，有时会遇见李绩和他的孙子徐敬业，祖孙不同姓，这是怎么回事呢？原来李绩本名徐世绩，辅助唐高祖李渊打天下立了功，赐姓李，成为李世绩；唐太宗李世民即位以后，因为避讳，删

93

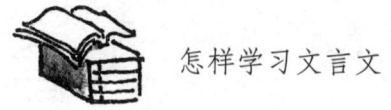
怎样学习文言文

去"世"字,成为李绩。他的孙子敬业用本姓,所以名徐敬业。

上述四种情况之外,自然还会有其他类型,可以类推,不一一列举了。

怎么解决呢?总的原则是逐渐熟悉,具体办法是分几个方面循序渐进。

首先,要熟悉通史方面的知识。这有两种意义。一、通史是个架子,所有名物都是可以而且应该摆在上面的,不熟悉这个架子,偶然碰到一个,不知道其所自来和应如何安放,疑难的程度就会更深。二、通史是按部就班地讲过去情况的,其中有不少正是名物,因而学历史正是熟悉名物的良好途径之一。

其次,还不很熟悉文言的同志,讲,尤其自学,最好先看有注解的。有些文言读物,有旧注,有新注,一般是旧注简而新注详,旧注难懂而新注易懂,所以要尽量用新注本。

注解无论如何详细,因为注的人与看的人程度不同,要求不同,总难免有不足的地方。并且,讲读文言,范围逐渐扩大,总难免会碰到没有注解的。所以必须学会利用辞书。这类辞书,现在常用的是《辞源》和《辞海》(各有新旧两种版本)。我个人的经验,文言,只要不是文字特别古奥(如《尚书》和《仪礼》)、内容特别艰深的(如《墨子》的《经》上下、大小《取》和《史记·天官书》),能勤于并善于利用辞书,其中的名物问题可以解决一大半。

有些还不能解决,或者希望了解得更全面更透彻,怎么办?这就要参考比较原始的材料。如有关明朝的取士制度,可以查《明史·选举志》或《续文献通考·选举考》。又如清初诗人王士禛做过扬州推官,如果想搞清楚这是个什么官,就可以查《清史稿·职官志》或《清文献通考·职官考》。由《史记》到《清史稿》,所谓"正史"共二十六部,绝大多数有"志"(《史

第四章 名物种种

记》名"书")。通典、通志、通考之类所谓"政书",总共十部,简称《十通》。合起来,真是汗牛充栋,通读当然很难,也没有必要;但是知道如何利用还是有好处的。

　　史志、政书之外,近人还有一些专讲某类名物的著作,如系统介绍历代赋税情况的,有陈登原的《中国田赋史》;概括介绍避讳情况的,有陈垣的《史讳举例》;专讲清朝科举制度的,有商衍鎏的《清代科举考试述录》,等等。这类书,内容各式各样,质量高低不一,非短文所能介绍。最好是多注意书目,然后要眼勤(碰到就翻翻,看看用处大不大),手勤(如认为有用,就把书名和内容提要记在小本子上,备考),这样日积月累,碰到疑难,知道如何对症下药,对于解决名物困难也是大有帮助的。

第五章 费解一斑

讲读文言，有时会遇到"费解"的情况。这里所谓费解，与古旧词汇、典故、名物等，非查考不能确定其涵义的情况不同。古旧词汇等的难解，是不熟悉文言，因生疏而感到的困难。费解是即使熟悉文言，常常也会感到莫明其妙的困难。费解有各种情况，对待的办法自然也要随性质的各异而有不同。下面谈谈常见的一些，作为举例，供同志们讲读文言时参考。

（一）古代传本有误字。

五代以前书籍都是写本，其流传自然免不了要辗转抄写。抄写，有时因为字形相近，如常说的"鲁鱼亥豕"，就是因为一时大意，把字写错了。通达的人自己抄写、修改，也难免一时大意，发生笔误。由先秦到五代，这样延续了一两千年，时至今日，想知道古

第五章　费解一斑

文献的真面目就很难了。非真面目,可以讲通也就罢了。有的则不然。例如:

1.《论语·乡党》:"色斯举矣,翔而后集。"汉人注和宋人注都说这是讲飞鸟的情况,前半翻译成现在的话是,鸟一"色"就飞起来,这是怎么回事呢?《论语注疏》引马融说是"见颜色不善则去之",朱熹《论语集注》说得详细一些,是"鸟见人之颜色不善则飞去"。这样解有两点说不通:一是事实上鸟不会这样机警;二是即使能这样机警,按文言习惯也不当这样说。总之,虽然像是讲通了,终归不能不使人感到,恐怕是牵强附会。以前看到商承祚先生的文章,说"色"本当作"危",因古文字形近而误。这样推断虽然没有版本上的根据,比原来的"色"却是合情合理了。

2.《史记·货殖列传》:"富者得势益彰,失势则客无所之,以而不乐,夷狄益甚。""以而不乐"的"以"很难讲,裴骃《集解》、司马贞《索隐》等都没有注,日本泷川龟太郎《史记会注考证》有注,是:"吴乘权曰:'以,已,同,言失其富厚之实,则无所附而不乐。'中井积德曰:'以而不乐句,似有脱误。'"两种解释,后一种以不知为不知显然好一些,因为"已而不乐"意思同样不明确。像这种地方,与其曲为之解,倒不如假定它有误字。

有误字,本来面目隐去,因而费解。为了得其确解,当然最好能够找回本来面目,清朝有些汉学家就喜欢这样做。但这常常不容易,并且,如果搞不好,还会使人疑为异想天开。因此,比较稳妥的办法是根据上下文,取其大意;对于个别难讲的词语,只得安于存疑。

比误字更复杂的还有错简、经注混淆等情况,因为涉及校勘学的范围,过于专门,这里不谈。

(二) 可能是通假,因为罕见,不能确定是通什么,成为费解。
我们现在说话或写作,遣词造句要求规范化。古人不要求这样,或者

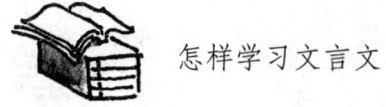

怎样学习文言文

根本不知道这样,并且,由于地域不同,传承不同,个人书写习惯不同,同一个词可以有不同的写法。这不同的写法,有的常用,谁见到都认识,都理解;有的不然,不是人人都认识,都理解。为了变难解为易解,我们说后者的什么字"通"前者的什么字。有少数或极少数,我们不知道通什么,这就成为费解。例如:

1. 《论语·述而》:"文莫吾犹人也,躬行君子,则吾未之有得。""文莫"难讲,《论语注疏》说:"莫,无也。文无者,犹俗言文不也。文不吾犹人者,凡言文皆不胜于人。"《论语集注》说:"莫,疑辞。犹人,言不能过人而尚可以及人。"宋人的解释比汉人像是简明一些,不过变叙述口气为疑问口气,其失与汉人正是一样:汉人是乱说,宋人是错说。清朝刘台拱《论语骈枝》说:"杨慎《丹铅录》引晋栾肇《论语驳》曰:'燕齐谓勉强为文莫。'"近人朱起凤作《辞通》,把"文莫"归入"黾勉"条,认为"黾勉""文莫""僶勉""闵免""侔莫""密勿"等是同一个词的不同写法。这样,"文莫吾犹人也"就成为"说到努力,我和旁人是一样",这就显得清通而易解了。

2. 《史记·陈丞相世家》:"上曰:'苟各有主者,而君所主者何事也?'平谢曰:'主臣!……'"。"主臣"这个说法很怪,《集解》这样解释:"张晏曰:'若今人谢曰惶恐也。'马融《龙虎赋》曰:'勇怯见之,莫不主臣。'孟康曰:'主臣,主群臣也,若今言人主也。'韦昭曰:'言主臣道,不敢欺也。'"根据马融《龙虎赋》,可以断定孟康和韦昭的解释一定是错的。可是为什么用"主臣"来表示惶恐呢?王先谦《汉书补注》说:"盖对主称臣,惶恐意自见。"(《张陈王周传》)仍是孟康和韦昭那样望文生义,难以说服人。其实,像这样的说法,我们无妨怀疑它是某两个字的通假字,因为不知道怎样通法,所以成为费解了。

第五章 费解一斑

像这类的费解,能够搞清楚通什么当然好。如果不能,就最好根据上下文推定其大致的意义;至于如此说的所以然,安于不求甚解也未尝不可。

(三) 说法模棱,难知其确定意义。

这里所谓模棱,是指想说明白并应该说明白而没说明白的。语言中还有故意不说明白的,如隐语,本来就不想让局外人了解。其他如《易经》的卦辞爻辞,预言性的民谣,禅宗语录的所谓机锋等,或者意在解释时可此可彼,或者意在以玄虚充高妙,都不愿意说得一清二楚。与故意不说明白相近的还有一种情况,是由于内容难说或欲神其说,于是用玄而曲的词语表达,自以为意思明确,但一般读者却感到莫知所云。如包世臣《艺舟双楫》谈笔法,引黄乙生的话是"唐以前书皆始艮终乾,南宋以后书皆始巽终坤"就是此类。这类费解的说法多见于专业典籍,通专业的人也许以为并不难解,所以也可以不归入模棱一类。没有必要含糊其辞的文字,有时由于笔下不用心,或者求委曲,会出现费解的情况。例如:

1. 《搜神记·三王墓》条讲干将莫邪铸剑的事,干将被楚王杀害前遗言说到藏雄剑的地方是:"出户望南山,松生石上,剑在其背。""其"指松呢,还是指石呢?不管指松还是指石,它的"背"是什么处所?如果叫我们去找,我们一定觉得这遗言太不清楚了。

2. 龚自珍为上海藏书家李筠嘉作《上海李氏藏书志叙》,于讲完藏书的源流以及李氏藏书之精博以后,结尾表示赞颂之意说:"吾生平话江左俊游宾从之美,则极不忘李氏。东南顾,翛翛踞天半矣哉。""东南顾"指作者自己的活动大概没问题;是什么"翛翛踞天半"呢?人?书?不管是人还是书,怎么能够"踞天半"呢?龚自珍写文章总想不同凡响,于是求奇;至于奇到读者莫明其妙,也总是过犹不及了。

99

怎样学习文言文

像这类的模棱,我们不能起作者而问之,也只能根据上下文猜测其大意,安于不了了之。

(四) 故作艰涩,过了分,因而成为费解。

读书人十年寒窗,学有所得,有时难免希望为人所知,于是不知不觉而喜欢炫学。炫学的方式很多,其中之一是写文章避平易而趋艰涩,或出奇制胜,这过了头就很容易流于费解。例如:

1. 唐朝有个樊宗师,能写文章。韩愈很器重他,他不得志的时候向朝里推荐,死后为他作墓志铭。传世的作品只剩三两篇,其中《绛守居园池记》非常有名,原因是,或主要是艰涩到断句都很难。博雅如欧阳修,作《绛守居园池》诗也说:"一语诘曲百盘纡","句断欲学盘庚书","以奇矫薄骇群愚","我思其人为踌躇"。后人当然就更望而生畏。于是有不少人想费力诠解,单是为之"句读"的就不只一家。为了说明问题,我们看看开头较浅易的三行:

绛即东雍为守理所禀参实沉分气蓄两河润有陶唐冀遗风余思晋韩魏之相剥剖世说总其土田士人令无硗杂搅宜得地形胜泻水施法岂新田又蒙猥不可居州地或自古兴废人。

(明钱谷抄《游志续编》本,原即无断句)

说它欲学《尚书·盘庚》还是太客气了;实事求是,应该说虽然满纸是汉字,连起来却不知所云。

2. 明朝后期,以袁宏道兄弟为首的公安派反前后七子的复古,创为清新流利之体。日子长了,因平易而人视为浮浅,于是钟惺等竟陵派想以幽

第五章 费解一斑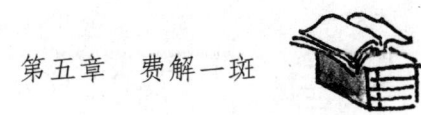

深来补救,却一滑而成为晦涩。其后刘侗、于奕正的《帝京景物略》变本加厉,如卷八《上方山》条:

> 地生初,岩壑具已。其为怀襄,荡荡汤汤,其为天龙神物,倾塌排触,孰测所然欤?人游游处处,言言语语,山受名伊始焉。有初古名者,有傍幽人炼士名、以名者,有都邑郊焉、近晚名者,有人古莫至、山今未名者。名不厌熟,山不厌生,至不若所不至者深矣。

(文字、标点依北京古籍出版社本)

这是可以直说而曲说,可以浅说而深说,内容本来平常,却使人感到如雾里看花,似可解而又煞费思索。

像这样因故作艰涩而费解的文字,幸而内容典重的不多,看看,知道有此不足为训的一格自然也好;如果不愿意在这方面多费心思,似乎略而不读也无不可。

(五) 因行文过简,没有把应该说清楚的内容交代清楚,也会造成费解。

例如:

1.《左传》僖公三十三年:"秦伯素服郊次、乡师而哭曰、孤违蹇叔、以辱二三子、孤之罪也、不替孟明、孤之过也、大夫何罪、且吾不以一眚掩大德"(为了表示费解的情况,只断句)问题出在"不替孟明"上。"不替"是"不撤换"的意思。照文理,"不替孟明"和"孤之过也"像是连续说的,可是这样读,意思显得离奇。其一,派孟明出师袭郑是秦伯自己干的,孟明不能负责;其二,上文也没有提到应撤换而未撤换的事;其三,如果

怎样学习文言文

是说现在，你撤换他也就罢了，何必再犯一回过呢？这个疑团，清朝王引之《经义述闻》卷十七记他父亲王念孙的意见，解释说，据《文选·西征赋》注，断定"不替孟明"是《左传》作者的插说，意在交代一下对此事的处理，因为孟明无过，所以不撤换他；其下应有"曰"字，之后才是秦伯的话。这样考索，合情合理；只是就原文说，未免简得太过了。

2. 归有光《项脊轩志》："吾妻归宁，述诸小妹语曰：'闻姊家有阁子，且何为阁子也？'"说"归宁"，话像是在娘家说的；看下文，话又分明是回婆家以后说的。意思缠夹，问题出在少说一个"返"字；如果写为"吾妻归宁返"，不就云消雾散了吗？

像这类的费解，我们无妨根据上下文，试着增补一些字；这虽然未必能够百分之百合于原意，只要化不合情理为合情理，也就可以满足了。

（六）为了表达难言的感情或不好直说的思想，有时不得不隐约其辞。

这样写出来，读者看到，如捞水中月，像是摸到一点什么，再一想又似是而非，因而成为费解。这种情况大多见于诗词。例如：

1. 李商隐《碧城三首》的第一首："碧城十二曲阑干，犀辟尘埃玉辟寒。阆苑有书多附鹤，女床无树不栖鸾。星沉海底当窗见，雨过河源隔座看。若是晓珠明又定，一生长对水精盘。"词藻、声韵都很讲究，读时甚至有很美的感觉，可是究竟是什么意思呢？正如冯浩注所说，"向莫定其解"。

2. 纳兰成德《鹧鸪天》："马上吟成鸭绿江，天将间气付闺房。生憎久闭金铺暗，花笑三韩玉一床。 添哽咽，足凄凉，谁教生得满身香。至今青海年年月，犹为萧家照断肠。"（文字依自写字幅）"间气付闺房"，"生得满身香"，显然有所指，可是指什么呢？难于捉摸。

第五章　费解一斑

像这类的费解,一定要弄清楚底蕴自然很难;不过思想感情的大致情况还是可以由字里行间窥察到的,只要八九不离十,阅读时能够心通而获得一些同感,也就够了。

(七)　由于修辞的要求,或立异以为高,有时偏偏不照语言习惯说,因而成为费解。

例如:

1. 江淹《别赋》:"是以别方不定,别理千名;有别必怨,有怨必盈;使人意夺神骇,心折骨惊。""心折骨惊"费解,因为可折的是骨,不是心;能惊的是心,不是骨。应该说"骨折心惊"而颠倒说,大概是为了求奇,结果就成为不合情理。

2. 杜甫《秋兴八首》之八:"昆吾御宿自逶迤,紫阁峰阴入渼陂。香稻啄余鹦鹉粒,碧梧栖老凤凰枝。……"后两句同"心折骨惊"一样,也是因为词语换位而成为费解:"香稻"怎么能去"啄"呢?"碧梧"怎么能去"栖"呢?应该说"鹦鹉啄余香稻粒,凤凰栖老碧梧枝"而偏偏颠倒,有人说妙就妙在这里,仁者见仁,智者见智,可以不必争论;至于读者,因此而不得不多费心思,总是个小损失吧?

像这类的费解,原因比较显而易见,按照语言习惯,把颠倒的文字顺过来解释就可以了。

(八)　话说得含糊,或应该详细具体而没有详细具体,因而可通的解释不只一种,甚至很难断定哪一种对,于是因有歧义而成为费解。

例如:

1. 杜甫《羌村三首》之二:"晚岁迫偷生,还家少欢趣。娇儿不离膝,

103

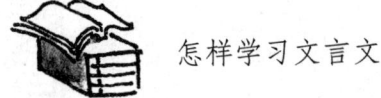
怎样学习文言文

畏我复却去。……""畏我复却去",有人理解为"娇儿怕我又离开家",有人理解为"娇儿因我面色不好而害怕,又从我跟前跑开了"。这个问题近年来争论得很热闹,双方都有不少理由,都有不少支持者,经过多少回合,似乎到现在仍然难分胜负。其实问题就出在歧义上,有歧义,得其确解自然就不容易了。

2. 方苞《狱中杂记》:"余同系朱翁、余生及在狱同官僧某,遘疫死,皆不应重罚。""同官僧某"的"同官",可以理解为地名,也可以理解为同一官署的同事;"僧某"可以理解为姓僧的某人,也可以理解为和尚某人(这样理解,"同官"只能作地名讲)。就全文的主旨说,这四个字怎样理解关系不大;不过就"辞达而已矣"的要求说,这样简略带过总是不合适的。

像这类的费解,如果两种解释略有高下之分,那就可以择善而从;如果难定高下,那就只好不左右袒而存疑了。

(九) 记事文中的对话、书札之类,因为是向局内的对方说的,有些情节或事物能意会自然不必言传。这样的对话,到记事作者的笔下,大多经过修补。书札就不然,大多保持原样刻印成书,因而其中有些文字,局外的读者就会因为不知本事而莫明究竟,这也就成为费解。

例如:

1. 钱谦益《钱牧斋尺牍·与冒辟疆》:"双成得脱尘网,仍是青鸟窗前物也。渔仲放手作古押衙,仆何敢贪天功?"最难解是"双成得脱尘网"一句:"双成"是什么人?怎么脱了尘网?原来这是说的冒辟疆娶董小宛一事,所谓渔仲曾助银一千两,钱谦益和柳如是也帮了忙,董小宛才得以落籍嫁人。传说西王母有侍女名董双成,所以这里用"双成"代姓董的女子。

2. 袁枚《随园尺牍·答杨笠湖》:"即佻达下流之随园见之,亦虽喜

第五章 费解一斑

无害也。"书札中自谦是常事,自骂几乎没有,这里说自己"佻达下流",很奇怪。及至看杨笠湖的来书,上面有这样的话:"不知有何开罪阁下之处,乃于笔尖侮弄如此。似此乃佻达下流,弟虽不肖,尚不至此。"才知道原来是一句反话;如果不参考来书,就很难解释其原因。

像这类的费解,想解决,除了查考有关的资料以外,似乎没有什么省力的办法。

(十) 有时候,一段文字,词句明明白白,可是考索其内涵,或者道理上有扞格,或者事实上不可能,总之是事理上不通,也就成为费解。

例如:

1. 汪琬《江天一传》:"而会张献忠破武昌,总兵官左良玉东遁,麾下狼兵哗于途,……(天一)与狼兵鏖战祁门,斩馘大半,……当狼兵之被杀也,凤阳督马士英怒,疏劾徽人杀官军状,……"话都明白,可是总起来一捉摸,有两个问题不可解:一是狼兵是贵州一带土著的军队,左良玉由北方起家,怎么能够有狼兵?二是被杀的是左良玉部下,马士英为什么不只怒,还要劾?查《明史·金声传》:"(崇祯)十六年,凤阳总督马士英遣使者李章玉征贵州兵讨贼,迁道掠江西,为乐平吏民所拒击。比抵徽州境,吏民以为贼,率众破走之。章玉讳激变,谓声及徽州推官吴翔凤主使,士英以闻。"才知道原来是这么回事,作者把左良玉和李章玉胡乱搅在一起了。

2. 宋濂《秦士录》:"(秦士说)'弼亦粗知书,君何至相视如涕唾?今日非速君饮,欲少吐胸中不平气耳。四库书从君问,即不能答,当血是刃。'两生曰:'有是哉?'遽摘七经数十义叩之,弼历举传疏,不遗一言。复询历代史,上下三千年缅缅如贯珠。……(两生)归,询其所与游,亦未

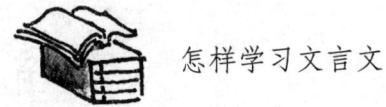 怎样学习文言文

尝见其挟册呻吟也。"很少读书而能够背诵诸经传疏,精通历代史,显然是不可能的,因而这种夸大的说法是不可信的。

总观以上,文言中费解的情况也是各式各样,虽然数量未必很多,但它终归是一种性质特别的难点,以行路为喻,即使沿途大体平整,知道哪里有小坎坷还是有好处的。

末尾还应该说明一下,这里举例谈费解,是就初学文言或为初学讲文言说的。古书,尤其先秦的,难读是个老问题,历代治国学的人都多多少少接触到它,有些人并为此写成专书,如俞樾的《古书疑义举例》之类。不过这类著作比较专门,初学会感到艰深,等学文言有了根柢,找来读读当然有益处。

第六章 择善而从

讲读文言,有时由于对照不同的版本,或者采用集注并有详细校记的版本,或者翻阅前人的校勘篇什,如顾炎武《日知录》、王引之《经义述闻》之类,会碰到文字、断句(标点)、解释间或不同的情况。怎么处理?下面举例谈谈这个问题。

(一)文字方面

五代以前,典籍都是靠辗转抄录流传下来的,流传的路径不同,字句就难得尽同,有的差得少,有的差得很多。刻板印刷术流行以后,诗文刻板以前,稿或经过改动,或经过传抄,或者同一内容而不只一种版本,文字也免不了彼此不同。我们讲读的时候,遇见这种情况怎么办?针对不同的情况,大致有三种办法。

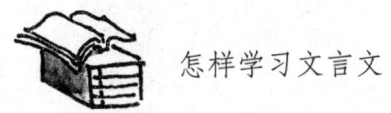

怎样学习文言文

先说第一种情况,是两种说法都通,不能明显地分别高下。例如:

(1)彼与彼年相若也,道相似也,位卑则足羞,官盛则近谀。

(韩愈《师说》)

彼与彼年相若也,道相类也,位卑则足羞,官大则近谀。

(同上)

(2)借书满架,偃仰啸歌,冥然兀坐,万籁有声。

(归有光《项脊轩志》)

积书满架,偃仰啸歌,冥然兀坐,万籁有声。

(同上)

(3)子曰:"加我数年,五十以学易,可以无大过矣。"

(《论语·述而》)

子曰:"加我数年,五十以学,亦可以无大过矣。"

(同上)

例(1),"相似"和"相类",意思完全相同;"官盛"和"官大",意思也无别,有人会说,还是"官盛"对,因为这是引用《礼记·中庸》"官盛任使,所以劝大臣也",但是有人也许反驳,你怎么知道这是引用?韩愈是未必喜欢引用的。总之,两种说法难分高下。例(2),"借书"和"积书"意义不同,"借书"强调自己贫苦而好学,"积书"强调自己勤慎好学,究竟作者是想强调什么呢?我们自然无法知道,所以只能承认两种说法都通。例(3),两种说法差别更大了,甚至牵涉到孔子同《易经》和易传究竟有无关系的问题;可惜文献不足,我们难于确知当时的实况,也就只好承认两种说法都通了。

第六章　择善而从

像以上这种情况,我们讲读时可以任选一种;当然,能够知道另外还有什么说法就更好。

第二种情况是两种说法都说得过去,可是其中一种显然好一些或好得多。例如:

（4）元和二年四月十三日夜,愈与吴郡张籍阅家中旧书,得李翰所为《张巡传》。

(韩愈《张中丞传后叙》)

元和二年四月十三日夜,愈与吴郡张籍阅家中旧书,得李翰所为《巡传》。

(同上)

（5）子曰:"可也,未若贫而乐,富而好礼者也。"

(《论语·学而》)

子曰:"可也,未若贫而乐道,富而好礼者也。"

(同上)

（6）采菊东篱下,悠然见南山。

(陶渊明《饮酒》)

采菊东篱下,悠然望南山。

(同上)

例（4）,"元和二年"是这篇文章的开头,上文没有提到"张巡",忽然出现"巡传",谁能知道"巡"是指"张巡"呢?文章显然不宜这样写。例（5）,"贫而乐",用颜回"不改其乐"的意思自然也通,不过意义远没有"乐道"深(不是无所为而乐,而是对大道有爱好),并且"贫而乐道"与"富而好礼"对举,

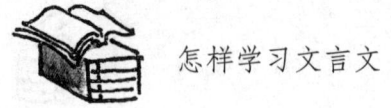
怎样学习文言文

文从字顺,读起来也好得多。例(6),陶澍《陶靖节集》注引苏东坡的话说:"陶公意不在诗,诗以寄其意耳。采菊东篱下,悠然见南山,俗本作望,则既采菊,又望山,意尽于山,无余蕴矣,非渊明意也。见南山者,本是采菊,无意望山,适举首见之,故悠然忘情,趣闲而累远,未可于文字精粗间求之。"这分析得很对,"见"比"望"确是好得多。

像以上这种情况,讲读时遇见,要辨明是非,分别好坏,选取一种而放弃另一种。这虽然是个麻烦的工作,可是有好处,能够锻炼思路,提高理解文言的能力。

第三种情况是两种说法一对一错。例如:

(7)梁之上有丘焉,生竹树,其石之突怒偃蹇,负土而出,争为奇状者,殆不可数。

(柳宗元《钴鉧潭西小丘记》)

梁之上有丘焉,生竹树,其石之突怒偃蹇,负土而出,争为奇壮者,殆不可数。

(同上)

(8)南阳刘子骥,高尚士也,闻之,欣然规往。未果,寻病终。

(陶渊明《桃花源记》)

南阳刘子骥,高尚士也,闻之,欣然亲往。未果,寻病终。

(同上)

(9)丘也闻有国有家者,不患寡而患不均,不患贫而患不安。盖均无贫,和无寡,安无倾。

(《论语·季氏》)

丘也闻有国有家者,不患贫而患不均,不患寡而患不安。盖均无

第六章 择善而从

贫,和无寡,安无倾。

(同上)

例(7),"奇状"与"奇壮"比较,"壮"显然是误字。例(8),"规往"与"亲往"比较,看下文,可以知道"亲往"是错的,因为既已"亲往",就不会有"未果"的事;"规往"是计划前往,想前往,可是天不遂人愿,竟没有去成,不久病死了,正是合情合理。例(9),俞樾《古书疑义举例》六说得很对:"按寡贫二字,传写互易。此本作'不患贫而患不均,不患寡而患不安'。贫以财言,不均亦以财言,不均则不如无财矣,故不患贫而患不均也。寡以人言,不安亦以人言,不安则不如无人矣,故不患寡而患不安也。"(按本文中也有"均无贫"的话)据此,可知传本"不患寡而患不均……"的说法是错的。

像以上这种情况,讲读时遇见,更要辨明是非,放弃错误的而选取正确的。同以上第二种情况一样,这种辨是非、定取舍的麻烦可以锻炼思路,所以并非不值得。

(二)断句(标点)方面

旧时代,文言典籍没有标点,一篇文章,字字相连,一写到底。初学自然会感到断句困难,所以从汉代经师起有所谓章句之学。用现代的标点符号标点文言典籍,比只分章断句要难得多,比如一个不知名的人名,姓名的第三个字并入下文也通,划人名号就要大费斟酌;引文,前有"曰""云"等字样,加引号上半不难,到何处为止常常没有标志,加引号下半就难了。还有,文言简约,同样的语句篇章,不同的人可能有不同的理解,因而标点会彼此不同。不同,有的关系不大,就是说,意思或语句的语法关系不受影响,如王安石《伤仲永》里"予闻之也久明道中从先人还家于舅家见之

怎样学习文言文

十二三矣"这节话,可以这样断句:

　　a. 予闻之也久,明道中,从先人还家,于舅家见之,十二三矣。

也可以这样断句:

　　b. 予闻之也久。明道中从先人还家,于舅家见之,十二、三矣。

两种断句法不同而意思无别。不过有时候不是这样,而是因标点不同而意思有别,这就产生选取的问题。因标点不同而需要选取,情况和办法也可以分为三种。

　　第一种情况是两种点法都说得过去,难定哪一种是作者的原意。例如:

　　(1) 寓逆旅主人,日再食(sì),无鲜肥滋味之享。

(宋濂《送东阳马生序》)

寓逆旅,主人日再食,无鲜肥滋味之享。

(同上)

　　(2) 下视其辙,登轼而望之,曰:"可矣。"

(《左传》庄公十年)

下,视其辙,登,轼而望之,曰:"可矣。"

(同上)

　　(3) 子入太庙,每事问。或曰:"孰谓鄹人之子知礼乎?入太庙,每事问。"子闻之,曰:"是礼也。"

(《论语·八佾》)

第六章 择善而从

　　子入太庙,每事问。或曰:"孰谓鄹人之子知礼乎?入太庙,每事问。"子闻之,曰:"是礼也?"

(同上)

例(1),两种断句法字面意思虽然有别,可是所反映的事实还是一样。例(2),两种断句法意思差得很多:前一种,"下视"是眼睛向下看,"登轼"是从车上再向上而登轼;后一种,"下"是下车,然后"视","登"是由地面上车,然后扶"轼"而"望"。动作这样不同,究竟哪种解释对,不久前有不少争论,结果是谁也说不服谁。各不相下,只好承认两种解释都通。例(3),两种点法只是一个句号和一个问号之差,可是关系很大:用句号,意思就成为,到太庙这种圣地,自己应该谦逊,承认无知,所以每事问是合礼的;用问号,意思就成为,像太庙这种圣地,本应一切事物都合古礼,可是偏偏不合古礼,所以每事问(以表示指责),这能算作合礼吗?两种解释究竟哪种对呢?我们无法知道当时太庙礼器的情况,孔子的话又太简略,所以只好承认有两种可能了。

　　像以上这种情况,讲读时遇见,最好是"多闻阙疑",承认说得通的讲法不只一种。

　　第二种情况是两种点法,从表面看都说得过去,可是仔细捉摸,其中一种比另一种圆通。例如:

　　(4)歌曰:使天而雨珠,寒者不得以为襦;使天而雨玉,饥者不得以为粟。一雨三日,繄谁之力?民曰太守。太守不有,归之天子。天子曰不,归之造物。造物不自以为功,归之太空。太空冥冥,不可得而名,吾以名吾亭。

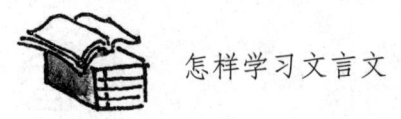

怎样学习文言文

（苏轼《喜雨亭记》）

歌曰：使天而雨珠，寒者不得以为襦；使天而雨玉，饥者不得以为粟。一雨三日，繄谁之力？民曰太守，太守不有；归之天子，天子曰不（同"否"）。归之造物，造物不自以为功，归之太空。太空冥冥，不可得而名，吾以名吾亭。

（同上）

（5）问之，则曰："彼与彼年相若也，道相似也，位卑则足羞，官盛则近谀。"呜呼！师道之不复，可知矣。

（韩愈《师说》）

问之，则曰："彼与彼年相若也，道相似也。"位卑则足羞，官盛则近谀。呜呼！师道之不复，可知矣。

（同上）

（6）厩焚。子退朝，曰："伤人乎？"不问马。

（《论语·乡党》）

厩焚。子退朝，曰："伤人乎？""不。"问马。

（同上）

例（4），"歌曰"之下协韵是明显的，少数地方怎样协，有不同的看法。钱大昕《十驾斋养新录》卷十六说"有"与"子"协，是用古音，那就成为前一种点法。问题是全歌用当时音，为什么独有此一处用古音？所以，与其这样绕弯子解说，不如从后一种点法。例（5），说的话到哪里为止，也曾成为问题。一般以为到"官盛则近谀"；但也有人认为"位卑则足羞，官盛则近谀"是作者评论的话，所"曰"应该到"道相似也"为止。斟酌文意，应该承认前一种点法好，因为：一、"位卑则足羞"不是本篇中作者

第六章　择善而从

的思想；二、带有慨叹感情的评论的话，"呜呼"总是用在开头而不是用在中间。例（6），显然也是前一种（通行的）点法好，因为：一、儒家讲尊卑，别亲疏，都是集中于"人"道，不问马正是体现这种思想；二、如果是第二种意思，照古汉语习惯，也不应该说得这样没头没脑，生硬别扭。

像以上这种情况，辨明是非并不难，我们应该选取合情理的一种而放弃另一种。

第三种情况是两种点法有对有错。例如：

（7）唐棣之华，偏其反而，岂不尔思？室是远而。子曰："未之思也，夫何远之有！"

（《论语·子罕》）

唐棣之华，偏其反而，岂不尔思？室是远而。子曰："未之思也夫，何远之有！"

（同上）

（8）先是，庭中通南北为一。迨诸父异爨，内外多置小门墙，往往而是。

（归有光《项脊轩志》）

先是，庭中通南北为一。迨诸父异爨，内外多置小门，墙往往而是。

（同上）

（9）问今世何世，乃不知有汉，无论魏晋。此人一一为具言所闻，皆叹惋。

（陶渊明《桃花源记》）

问今世何世，乃不知有汉，无论魏晋。此人一一为具言，所闻皆叹惋。

（同上）

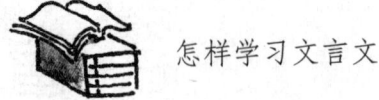

例（7），"夫"字属上或属下，从意义方面考虑关系不大，但比较之后，总得承认通行的断句法（前一种）是错的。理由之一是，古人释诗之词，多以"夫"字属句末，如《左传》成公八年"……求善也夫"，同书襄公二十四年"有德也夫……有令名也夫"（详见杨树达《古书句读释例》三，例五十六）。理由之二是，"夫"字一般用在议论的开头，不用在感叹句的开头。例（8），前一种是通行的点法，"墙"字属上有问题，一、"门"字和"墙"字的关系不清楚，并列关系？文言很少这样说，偏正关系？小门的墙，意思不清楚；二、照文言习惯，"往往而是"头上总要有个名词或名词性的什么；三、归有光的文格是尽量求简洁的，"小门墙"前面已经有"多置"，后面不当用意思重复的"往往而是"；四、照后一种点法，因为小门设置多了，所以墙也到处都有，文从意顺：所以可以断定，第二种点法是对的。例（9），有人主张用第二种点法，这样一来，"所闻"就要解释为听话的人们，也就是用"所闻"代替"闻者"，这是说不通的，因为文言没有这种"能""所"混淆的表意法，陶渊明也绝不会这样误用。

像以上这种情况，讲读时遇见，也要辨明是非，选取一种而舍弃另一种。

（三）解释方面

讲读文言，最重要的要求是正确理解词句的意义。这有时候不很容易。原因之一是客观的，文言，尤其时代靠前的，大多文字古奥，或者因晦涩、脱误而意义不明。原因之二是主观的，即所谓仁者见仁，智者见智。结果是同一词句、同一篇章，不同的人会有不同的解释，讲读时自然就产生何去何从的问题。同文字、断句的情况一样，对待的办法也可以分为三种。

第一种情况是两种解释都通，并且不容易判断哪一种符合原意。例如：

第六章 择善而从

（1）每至晴初霜旦，林寒涧肃，常有高猿长啸，属引凄异，空谷传响，哀转久绝。

（《水经注·江水》）

"哀转"的"转"，有人解释为"宛转"，有人解释为"与'啭'通"，即"歌"或"鸣"的意思。两种讲法都通，不能明显地分别高下。

（2）然则何时而乐耶？其必曰先天下之忧而忧，后天下之乐而乐乎？噫！微斯人，吾谁与归？（或用！号）

（范仲淹《岳阳楼记》）

"谁与归"是疑问句的倒装句法（这是比照现代汉语次序的说法），大家认识一致。至于具体怎样倒则认识有分歧：有人说是从"与谁归"倒过来的，这样，"与"是现在所谓介词；有人说是从"归谁与（欤）"倒过来的，这样，"与（欤）"就成为助词。两种语法结构对意义也有影响："与谁归"，"吾"和"谁"是结伴关系，平等的；"归谁与"，"吾"和"谁"是归向关系，不平等的。是"结伴"对还是"归向"对呢？难说。

（3）南昌故郡，洪都新府。星分翼轸，地接衡庐。襟三江而带五湖，控蛮荆而引瓯越。

（王勃《滕王阁序》）

"三江"，有人解释为"松江、娄江、东江"，有人解释为"荆江、松江、浙江"。"五湖"，有人解释为"菱湖、游湖、莫湖、贡湖、胥湖"，有人解释为"太湖、

117

怎样学习文言文

鄱阳湖、青草湖、丹阳湖、洞庭湖"。当然都有根据,我们既然不能起作者而问之,也就只好存疑了。

像以上这种情况,讲读时遇见,最好能知道讲法不只一种;当然,任选其一也未尝不可。

第二种情况是两种讲法都说得过去,但是其中一种比较好。例如:

(4)近腊月下,景气和畅,故山殊可过。足下方温经,猥不敢相烦。

(王维《山中与裴秀才迪书》)

"经"可以解释为"四书五经"的"经",也可解释为"佛经"。但以"佛经"为好。理由之一是,中古时代隐居修道的所谓"高士",大都以学佛为高雅;王维是崇佛的,《旧唐书·王维传》称裴迪为王维的"道友":可见专心读的必是佛书。理由之二是,学佛必须清静,因为是读"佛经",下文的"猥不敢相烦"才更有着落。

(5)临溪而渔,溪深而鱼肥;酿泉为酒,泉香而酒洌(或"冽")。

(欧阳修《醉翁亭记》)

"洌"是"凉","冽"是"清",不管是"洌"还是"冽",都宜于形容"泉"而不宜于形容"酒";"香"呢,显然更宜于形容"酒"。这样,照字面解释为"泉香而酒洌",就不如承认这是交错说,解释为"泉洌而酒香"。

(6)贵人饮金屑,倏忽舜英暮。平生服杏丹,颜色真如故。

(刘禹锡《马嵬行》)

第六章 择善而从

"贵人"指杨贵妃。说杨贵妃之死由于"饮金屑",与历史记载不同,是怎么回事呢?袁枚《随园随笔》卷二十三说:"似贵妃之死乃饮金屑,非缢也。"近人蒋礼鸿《义府续貂》说:"魏、晋故事,贵近、后妃赐死例饮金屑,云饮金屑,犹云赐死。梦得词人,援故实以为言,故非实饮金屑也。"两种解释,一说是记实,一说是用典,显然以后一说为好。

像以上这种情况,我们要参考有关资料,辨明是非,选取其中的一种解释。

第三种情况是两种解释一对一错。例如:

(7)李氏子蟠年十七,好古文,六艺经传皆通习之。

(韩愈《师说》)

"六艺",一般解释为"六经",即"易、诗、书、礼、乐、春秋";可是也有人说是指"礼、乐、射、御、书、数"。显然后一种解释是错的。因为:一、唐朝读书人并不学赶车之类,也没听说韩愈精于赶车;二、因为好古文,所以才通习六艺,"六艺"当然指古经书。

(8)谢安得驿书,知秦兵已败……既罢,还内,过户限,不觉屐齿之折。

(《资治通鉴》卷一〇五)

"不觉屐齿之折",有人解释为"不知不觉屐齿就折断了",有人解释为"屐齿碰断还没有觉得"。照前一种解释,"不觉"是状语,全句强调的是心不在焉;照后一种解释,"不觉屐齿之折"是动宾结构,全句强调的是心情

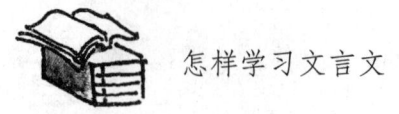 怎样学习文言文

激动。显然后一种解释是对的。

(9) 良将劲弩,守要害之处;信臣精卒,陈利兵而谁何。

(贾谊《过秦论》)

"谁何",由上文串下来,应该是"信臣精卒"的行动,可是有人解释为"谁也不能奈之何"(横行霸道),这显然是不合适的。旧时代,有人说"何"是"问"的意思;有人说"谁何"相当于"谁呵","呵"是大声喝斥;还有人说"谁何"应作"谯呵",是斥责的意思:总之,都是"诘问",所以翻成现在话应该是"盘问",详说是戒严,到处拦路盘问搜查。

像以上这种情况,我们更要辨明是非,选取其一而放弃其一。

同一词句有不同的解释,还有不像上面所举情况那样单纯的,例如书法中有所谓"拨镫法",猜谜式的解释不少,可是哪一种都明显地是牵强附会,不能使人心服;李商隐的《锦瑟》诗,解释也不少,都像有道理,可是按照逻辑规律,一种事物不能既是这样又不是这样,因而是非难定,等等。万一碰到这种情况,原则地说,比较妥善的办法是"多闻阙疑";至于具体怎样"疑",这里就不能详说了。

第七章 舍粗取精

讲读文言，文言典籍浩如烟海，内容五花八门，有如何选择、如何吸取的问题。这个问题可以用比较简明的话表示，是要什么，不要什么。这似乎不难解决，当然是要好的或说有用的。可是哪些是有用的呢？分辨有用无用要有个标准，标准因需求、因人而可以不同。比如我们是研究文化史，那就连谶纬、堪舆的书也很有用；如果是一般的学习文言，当然就不必在这类迷信的书里兜圈子了。这里还是缩小范围，专说学文言，选定读物也是个麻烦问题。这包括两个方面：一是在浩如烟海的作品中选取什么，二是作品选定，在不同的版本中选用什么。

选书的问题，旧时代属于目录学范围，内容很繁，不是三言两语能够说清楚的。例如清朝光绪初年，张之洞作了一部《书目答问》（有人说是缪荃孙代作的），

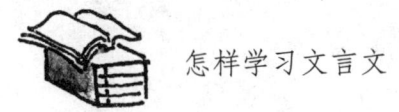

怎样学习文言文

就是想指导初学,解决读什么(过去自然指中国古籍)和选用什么版本的问题的(1929年范希曾作成《书目答问补正》,较原书详确)。《书目答问》收书两千多种,现在仍然有参考价值,但是对我们目前学习文言来说却不合用。因为:一、那时候视为重要的,现在也许用处很小;二、那时候视为上好的,现在看来却未必佳;三、近百年来整理诠释古籍的成绩那时候自然无法收入;四、对现在的初学说,内容嫌过多过繁。现在需要新的、解说较详的、供一般学习文言的人参考的《书目答问》。暂时没有,我们只好自己积累一些这方面的知识。

怎么积累呢?先要具备一些历史知识,尤其文学史知识,也就是要知道历代有哪些名作家和名作品。这是基本的。此外,还要注意现时的出版阅读情况,就是大致了解多数学文言的人目前在读什么,哪些书容易找到。读文学史,参考别人的阅读经验,这虽然近于随波逐流,却常常能够得其要领,费力不多而解决了选读的问题。

读物选定之后,还要具备一些选用版本的知识。这方面的知识,有概括的,譬如一般说:一、一种古籍,经过后人校勘的比古本合用,如《淮南子》,刘文典的《淮南鸿烈集解》比汉朝高诱注的合用;二、现代人标点注解的比旧时断句加注的合用,如《孟子》,杨伯峻的《孟子译注》比宋朝朱熹的《孟子集注》合用;三、尤其对于初学,选注的比全书合用,如王伯祥的《史记选》比旧本《史记》合用;四、注解详的比注解略的合用,如同是《左传》选本,王伯祥的《左传读本》比秦同培的《左传精华》合用(有例外,如王先谦《庄子集解》后出,注解简明扼要,不如郭庆藩《庄子集释》详尽,却更便于用);五、深于此学的人评选注解的比一般人选注的合用,如钱钟书的《宋诗选注》比其他宋诗选本合用。概括的知识之外,还要具备一些关于某某书、某某篇的版本知识。例如《史记》,我们想全读,就要

第七章 舍粗取精

知道,中华书局新标点本比旧版没标点的合用,日本泷川龟太郎《史记会注考证》注较详,应找来参考;如果不想全读,就要知道,现在常见的有王伯祥、郑权中、张友鸾等几种选注本,王伯祥的注解较详尽,宜于深入钻研;甚至只想读一篇,如《廉颇蔺相如列传》,也最好知道都有哪些选本选了这一篇,以便有疑问的时候参考酌定。

以上谈的是如何选定读物的问题。为初学讲文言或初学读文言,比选定问题更重要的是从读物中吸取什么的问题。文言典籍是古人写的,古人生在旧时代,思想感情自然是旧的,或者退一步说,不能不受旧时代的影响。因而其作品就不能不同现在的要求有距离,就是说,兼有精华和糟粕。有些著作,尤其从思想方面看,是精华很少,糟粕很多。就说很少吧,糟粕总有毒素,会起毒害人的消极作用。如果因为有糟粕而就不肯读,甚至不敢读,其结果就会无书可读。这当然不是办法。可行的办法是能够分辨是非好坏,取其精华而舍其糟粕。

讲读文言,初期选用的读物,绝大多数是名作家的名作。名作,其中当然有不少精华,但也不能保证天衣无缝,毫无糟粕。这糟粕,因性质的不同可以分为三类:一是思想感情方面的,二是科学性方面的,三是文字表达方面的。以下举例说说这三方面的情况。

(一)思想感情方面(为简明,只举单篇为例)

(1)李将军广者,陇西成纪人也。……广尝与望气王朔燕语,曰:"自汉击匈奴而广未尝不在其中……岂吾相不当侯邪?且固命也?"……朔曰:"祸莫大于杀已降,此乃将军所以不得侯者也。"

(《史记·李将军列传》)

怎样学习文言文

（2）文人相轻，自古而然。……盖文章，经国之大业，不朽之盛事。年寿有时而尽，荣乐止乎其身，二者必至之常期，未若文章之无穷。是以古之作者，寄身于翰墨，见意于篇籍，不假良史之辞，不托飞驰之势，而声名自传于后。

（曹丕《典论·论文》）

（3）白闻天下谈士相聚而言曰："生不用封万户侯，但愿一识韩荆州。"……君侯制作侔神明，德行动天地，笔参造化，学究天人。……今天下以君侯为文章之司命，人物之权衡，一经品题，便作佳士。

（李白《与韩荆州书》）

（4）古之学者必有师。……巫医乐师百工之人，君子不齿，今其智乃反不能及，其可怪也欤！

（韩愈《师说》）

（5）永和九年，岁在癸丑，暮春之初，会于会稽山阴之兰亭，修禊事也。……况修短随化，终期于尽。古人云："死生亦大矣。"岂不痛哉！

（王羲之《兰亭集序》）

（6）项脊轩，旧南阁子也。……语未毕，余泣，妪亦泣。……瞻顾遗迹，如在昨日，令人长号不自禁。……庭有枇杷树，吾妻死之年所手植也，今已亭亭如盖矣。

（归有光《项脊轩志》）

（7）归去来兮！田园将芜，胡不归？……已矣乎！寓形宇内复几时，曷不委心任去留？胡为乎遑遑欲何之？富贵非吾愿，帝乡不可期。怀良辰以孤往，或植杖而耘耔。登东皋以舒啸，临清流而赋诗。聊乘化以归尽，乐夫天命复奚疑？

第七章 舍粗取精

(陶渊明《归去来辞》)

(8)黄冈之地多竹,大者如椽。……公退之暇,披鹤氅,戴华阳巾,手执《周易》一卷,焚香默坐,消遣世虑。

(王禹偁《黄冈竹楼记》)

例(1),《李将军列传》出于太史公司马迁的大手笔,又是《史记》传记中的名文,无论材料、布局以及写人写事,当然都非常精彩,用不着我们再赞一辞。但是专就上面引的这部分看,李广因未得封侯而向望气的王朔请教,在相貌、命运方面找不到原因,最后归结为"报应",这当作历史事实叙述一下自然也未可厚非,问题是体会行文的口气,作者也是倾向于相信的。(可与《陈涉世家》比较,在那篇里,卜者教陈胜、吴广装神弄鬼,作者明白表示那是假的。)相信真有所谓报应,现在看来当然是可笑的迷信,因而是大精华中的小糟粕,我们讲读时显然应该舍弃它。例(2),《典论·论文》是一篇名文,见解和辞章都是出类拔萃的;只是这里引的几句话,强调个人的成名、传名,在当时纵使是不可不有的思想,现在看来总是不合适的,所以讲读时也应该舍弃它。例(3),《与韩荆州书》也是一篇名文,因为有名,所以还从其中生出"识荆"这个典故。在唐朝,为出头而求名人提拔是很多人走的路,李白当然也可以这样做。不过像这里引的一些话,放在韩朝宗身上就未免太夸大,因为他的地位不过是荆州刺史之下的一个"长史",怎么就能"侔神明""动天地"呢?为求助而把对方吹上天,这苛刻一些说是"谄",与"谪仙人"的雅号是不相称的,所以也应该算作糟粕。例(4),大家都承认《师说》是一篇思想好的文章,所以几乎到处都选它。"巫医乐师百工之人,君子不齿"的话,在当时这样说似乎也没有什么,因为社会情况就是如此。只是现在看来,总不能不算美中不足,所以讲读时

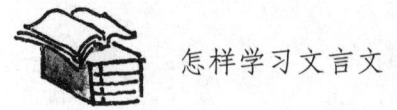

怎样学习文言文

应该认识，这是旧时代士大夫的偏见，不足为训。例（5），《兰亭集序》也是一篇名文，篇幅不长，可是记事、写景、言情都富有诗意，所以一直为人们所爱读。只是就思想感情说，终嫌过于突出士大夫的闲适。上面引的几句更退后一步，变为消沉，由好的作品有移情作用这个角度看，我们是不应该吸取的。例（6），归有光的文章长于以琐事抒深情，《项脊轩志》是这方面的代表作。内容很琐细，可是写人写景都描画入微，并能于委曲的情节中显示人的心境，所以感染人的力量很强。缺点（由现在看）是情调太低沉，仿佛总是在说，完了，什么都过去了！自然，我们应该承认，人人有感伤的权利；不过作为选来的读物，尤其对于年轻人，过于感情低沉、性情脆弱，如果还有影响的力量，那是不合适的。例（7），在文学史上，《归去来辞》更加有名，欧阳修甚至说，晋朝只此一篇可以算作文章。内容也好，乱世弃官不作，回家务农，确是值得赞扬。从辞章方面看也是上好的，写情写景都很真切，并且协韵，有浓厚的音乐性。只是上面引的几句，道家的任其自然，一切无所谓的气味太重，作为现在的读物是不宜于吸取的。例（8），《黄冈竹楼记》写得很精炼，素材，安排，写景，言情，都很讲究，确是值得一读。只是上面引的几句，写的完全是士大夫自鸣清高的形象，现在看来是应该唾弃的。

（二）科学性方面

（1）秦孝公据崤函之固，拥雍州之地，……及至始皇，奋六世之余烈，振长策而御宇内，吞二周而亡诸侯，履至尊而制六合，执敲扑而鞭笞天下，威振四海。

（贾谊《过秦论》）

第七章 舍粗取精

（2）予得此于定海，命谢子大周钞别本以归，……明长陵不罪藏方孝孺书者，此帝王盛德事。

（姜宸英《奇零草序》）

（3）嘉庆十二年四月三日，商丘陈燕仲谋、陈焯度光招予游宋氏西陂。陂自牧仲尚书之没，至于今逾百年矣，又尝值黄河之患，所谓芡梁、松庵诸名胜，无一存者。

（管同《游西陂记》）

（4）昌平州，京师之枕也，隶北路厅。……州之东有镇山焉，曰天寿山，明十三陵之所在。

（龚自珍《说昌平州》）

（5）太尉始为泾州刺史时，汾阳王以副元帅居蒲，……先是太尉在泾州为营田官，泾大将焦令谌取人田，自占数十顷。（以下叙大旱年焦逼农民交粮，用大杖打伤农民事）太尉大泣曰："乃我困汝。"即自取水洗去血，裂裳衣疮，手注善药；旦夕自哺农者然后食；取骑马卖，市谷代偿，使勿知。（以下叙有人将此情况告知焦令谌）谌虽暴抗，然闻言则大愧，流汗不能食，曰："吾终不可以见段公。"一夕自恨死。

（柳宗元《段太尉逸事状》）

（6）有生之初，人各自私也，人各自利也。天下有公利而莫或兴之，有公害而莫或除之。有人者出，不以一己之利为利，而使天下受其利；不以一己之害为害，而使天下释其害。

（黄宗羲《原君》）

（7）庚戌十一月，予自广陵归，与陈子灿同舟。……既同寝，夜半，客曰："吾去矣！"言讫不见。子灿见窗户皆闭，惊问信之。……忽闻客大呼曰："吾去矣。"尘滚滚东向驰去。

127

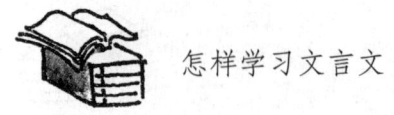

怎样学习文言文

（魏禧《大铁椎传》）

（8）朱衣道人者，阳曲傅山先生也，……尝自论其书曰："弱冠学晋唐人楷法，皆不能肖，及得松雪、香山墨迹，爱其圆转流丽，稍临之，则遂乱真矣。"已而乃愧之，曰："是如学正人君子者，每觉其觚棱难近；降而与匪人游，不觉其日亲者。……"

（全祖望《阳曲傅先生事略》）

例（1），《过秦论》是一篇有名的议论文，气势雄伟，有长江大河一泻千里之势，因而连太史公马迁都乐得引用。可是上面引的"吞二周"却说错了。这两个"周"是东周末年封的小国；西周是秦昭襄王五十一年（前256）被秦国消灭的，东周是秦庄襄王元年（前249）被秦国消灭的，那时候秦始皇还没有即位（前246年才即位）。这是只图大话痛快好听而忽略了史实。例（2），姜宸英著文，褒扬忠贞，希望《奇零草》传世，用意是很好的。可是引的古事中有"明长陵不罪藏方孝孺书者"却有问题，《明史·方孝孺传》明明说："永乐中，藏孝孺文者罪至死，门人王稌潜录为《侯城集》，故后得行于世。"推想《明史》的记载不会没有根据，若然，姜宸英的宽厚说法就靠不住了。例（3），宋荦是康熙五十二年（1713）死的，到管同等游西陂的嘉庆十二年（1807）只有九十四年，文中说"逾百年矣"是错的。例（4），现在很多人游过十三陵，知道汽车过昌平县（清朝名昌平州）还是往北走。龚自珍的文章却说在"州之东"，这是坐在书桌前的想当然。例（5），根据《段太尉逸事状》所写，焦令谌是个残暴的军阀，大坏蛋，把无力交粮的农民打得奄奄待毙，他毫不动心，听到段太尉代人交粮就良心发现，以至于一夜之间就愧恨而死，这太不合事理，显然是随便说说，绝不可信（事实是以后还在做官）。例（6），《原君》，从思想方面看是极上等的文章，见理

第七章 舍粗取精

明,用意深,胆量大,两千年来几乎找不出几篇能够同它相配。可是开头说的两种状况,一是人各自私,人各自利,另一是忽而出来一人,毫不自私,毫不自利,都显得有些离奇。无论就事实说还是就道理说,这样截然不同的两极端都是不可能有的。例(7),《大铁椎传》写得像神怪小说,所以不少人喜欢读。问题出在它不是神怪小说,因为有真人陈子灿为证。可是像上面引的那些表现,窗门不开就"言讫不见","东向驰去"以至于"尘滚滚",都违反事理。因此,"姑妄听之"自然未尝不可,信以为真就不合适了。例(8),傅青主评书法举"松雪、香山",下面并且说了些不敬的话,这很不合事理:一是白居易不是书法家,传世笔迹很少;二是即使是书法家,与赵孟𫖯并举也应该颠倒次序,说"香山、松雪";三是决不能比白居易为匪人。查傅青主的文集,才知道"香山"应作"香光"(董其昌),原来是全祖望写错了。

(三)文字表达方面

文字表达,过去习惯称为"辞章",取舍的问题比较难于说清楚,因为同一篇文章,专从写作技巧方面考虑,常常是仁者见仁,智者见智。概括的原则容易说,比如自然比造作好,简练比拖沓好,流利比艰涩好,古朴比轻浮好,生动比板滞好,典雅比粗俗好,优美比鄙陋好,等等,大家都会同意。问题是这些原则都很抽象,难于像天平衡物那样,半斤就是半斤,三两就是三两。抽象的原则难于实用,原因不只一种:一、各人眼光不同,好恶不同,甲说流利好,乙甚至可以说,艰涩有一种暗藏的美,更好;二、同一种写法,甲看着不很自然,乙也许觉得很自然;三、有些作品,辞章方面属于中流,于是好之者可以誉为质朴,恶之者可以毁为笨拙,好之者可以誉为灵活,恶之者可以毁为轻浮,因为质朴与笨拙,灵活与轻浮,本来就

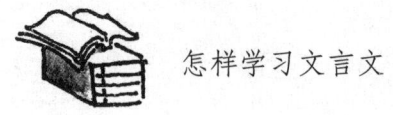

怎样学习文言文

是近邻。总之,还是仁者见仁,智者见智,难于避免主观片面性。但是我们又必须承认,就是辞章方面,作品,或说有些作品,终归有高下之分,而我们也应该细心地、尽量避免偏见地分辨高下,然后取其精而舍其粗。以下举例说说这方面的情况,因为终是一己之见,所以只能供参考。

先说书。古籍传到现代的,绝大多数是名著,因而辞章好的就用不着举例。书与书相比,有的,即使是极少数,显然差一些。例如王充的《论衡》,在东汉阴阳五行迷信盛行的时期,大声疾呼地提倡科学精神,毫不留情地揭露、反驳各种流行谬说,其思想的高超真是难以笔墨形容。可是说到文字表达,却琐碎拖沓(明朝胡应麟《少室山房笔丛》曾指出这一点),既不流利,又不生动。如果我们是刚读过《孟子》,这种印象就会更加明显。又如南北朝有一部新奇而价值很高的书,贾思勰的《齐民要术》,它与也是北朝著作的杨衒之的《洛阳伽蓝记》相比,就显得过于板滞无华了。

再说人。同是作家,有人文笔造诣高,有人低,这也用不着举例。就是同一个人,写不同体裁的作品,也会有高下之分。例如杜甫是了不起的大诗人,其实他也写文,可是(还是从写作技巧方面看)远不如诗。明朝的大作家归有光正好相反,是诗不如文。

缩小到一篇,文字表达方面有时也有高下之分。例如"文起八代之衰"的韩愈,文章为后代古文家推为登峰造极,《原毁》一篇尤为人所乐道,可是那种故意多重叠、多对称以制造声势的写法,今天看来未免造作气味太重,实在没有什么好。又如明朝马中锡的《中山狼传》也是一篇流行的名文,内容当然是好的;至于全篇生硬地拼凑典故的那种写法,使人不能不想到冬烘先生在篱下诌文,摇头晃脑的那种神气,可以说是不能与内容相配了。

再缩小,一篇之内也会大醇而小疵。例如:

第七章 舍粗取精

（1）庭坚顿首，几仲司户足下：……天难于生才，而才者须学问琢磨，以就晚成之器；其不能者，则不得归怨于天也。世实须才，而才者未必用，君子未尝以世不用而废学问；其自废惰欤，则不得归怨于世也。

（黄庭坚《答李几仲书》）

（2）右《金石录》三十卷者何？赵侯德父所著书也。……呜呼！余自少陆机作赋之二年，至过蘧瑗知非之两岁，三十四年之间，忧患得失何其多也？

（李清照《金石录后序》）

例（1），"天难于生才"以下是经义文写法，放在后代八股文里是稍解放的两股，至少我们今天看来，有迂腐气，不如前后散行的文字那样平顺自然。例（2），《金石录后序》是一篇内容充实、感情深挚、可歌可泣的名文，叙事朴实恳切；只是上面引的"呜呼"以下，交代自己经历的时间，忽然谜语式地用了两个典故，显得纡而拙，这不得不算作金玉堆中一颗小小的砂粒吧？

第八章 冷暖自知

上一章谈到精粗问题。分辨精粗要有个标准，而标准常常与个人爱好牵连，甚至完全来自爱好，所以难免主观片面性。但又不能不分辨，因为有精粗是事实，我们讲读时就不当一古脑儿吞下去。比较可行的办法是慎重一些，不凭印象乱说；取其大而略其小，可此可彼的存疑。这一章想深入一步，由选定的一篇扩展到未经选择的大量读物，就是说，谈谈博览的时候，在汗牛充栋的文言作品中，要怎样用自己的眼光，选择好的而略去较差的，吸取好的而舍弃不值得吸取的。这会涉及方法（怎样选）和结果（选了什么）两部分。"结果"当然不能不出于主观，即使未必是错的，也总难于使大家都同意；若然，那就把"方法"当作重点，提供学习文言的同志们参考。

学习文言，像学习其他事物一样，日久天长，会

第八章 冷暖自知

逐渐熟练，会提高；在提高的基础上还会要求继续提高。想提高，更要多读，也就是在精读中逐渐增加博览的成分。博览，览什么，自然可以向老师、文学史、评介文章等请教，但总不能永远扶着拐杖走路，因为：一、老师、文学史等所谈究竟有限；二、更重要的是他人所说未必完全可信；三、即使完全可信，也要经过自己的秤衡量之后，才能知道所以为可信，也就是冷暖自知才是真知；四、还要用自己的真知到生疏的作品中去选定。提高和冷暖自知有互为因果的关系：不提高就不能培养分辨好坏的眼光；不能分辨好坏就不能恰当地选择，正确地吸取，因而就难于提高。自然，自作主张也许会错，但不当因噎废食，何况错了之后还会逐渐领悟而很快改正，那正是更大的提高。

选择，精读，博览，提高，最终是为了通达。在旧时代，通达大致包括两个方面：一是能吸取，就是通晓人家写的，并或多或少地把自己认为好的、重要的装在脑子里；二是能运用，就是自己能写，并且下笔千言，句句有本原，甚至无一字无来历。因为目的如此，所以不能不有评价的眼光；否则脑子里装了不少不三不四的东西，到拿起笔来，却诘屈笨拙，甚至满纸三家村气。我们现在学文言，目的当然与旧时代不同。最大的分别是不要求能写；其次是往脑子里装，不要求像过去那样多，那样杂。但学以致用这个原则还是一样的。这用，大致说包括以下几项：一、能够学会文言，以便比较广泛地阅读文言典籍；二、能够一般地通晓过去的历史和文化；三、能够从旧的文化（尤其是思想）中吸取积极的有用的成分；四、能够从文学艺术的角度，欣赏大量优秀的文言作品；五、能够把文言作品中的写作优点吸收融会到自己写现代文的笔下。很明显，想做到以上几项，自己没有评价的眼光，即使不至一无所成，也总不能避免事倍功半。

评价的眼光是逐渐培养起来的，不像机器，零件配全之前一点不能用，

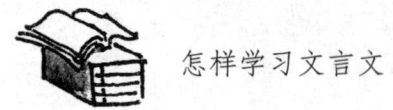
怎样学习文言文

配全之后立刻起作用。小孩子读唐诗:"故人西辞黄鹤楼,烟花三月下扬州。孤帆远影碧空尽,惟见长江天际流。"读完了说"真好"。问为什么真好,说不上来,这是已经知其妙而不能名其妙,虽然不能名,也是有了初步的评价的眼光。这种初步的冷暖自知,偏于感性的,虽然零零散散,却很可贵,因为它是理性的冷暖自知的基础。

培养理性的冷暖自知,即系统的深入的评价的眼光,要注意以下几个步骤。

(一)在阅读中摸索、磨练、积累

这有如吃食物,多品尝,多比较,感觉就会越来越明显,越来越固定,因而形成明确的评价。文言作品也是这样,一首诗,一篇文章,我们读了会有个感觉,粗略地说是"好""不好","喜欢""不喜欢",细一点说是"题材"怎么样,"结构"怎么样,"思想感情"怎么样,"辞章"怎么样,等等。这类评价可以从对一首、一篇的印象来,也可以从与其他篇什的比较来。不管怎样,这类感觉的经历多了,积累起来,就会逐渐养成分辨好坏、衡量轻重的眼光。

(二)要参考他人的评论,尤其多种评论中的相反意见

历史上的著名典籍、著名篇章,几乎都有人评论过。这类评论常常收入各种文学史、文学批评史;散见各书的,有的经过后人搜集整理,汇集在原作之中(或总列于篇章之前,或分缀于篇章之下);此外还有专评介某书某篇的论文,更便于参考。前人的评论,大多出于专家之手,见得广,谈得深,我们不只要重视,还要把它看作培养眼光的课本,不停止于记住论断,要更向前,学习前人所以作出此种论断的理论和方法。前人的评论,

第八章 冷暖自知

有的不是专指而是泛论,如《文心雕龙》中的许多叙述和司空图《诗品》之类,也很重要,甚至更加重要,当然也要参考。前人的评论,有时候甲、乙着重点不同,深浅度不同,这值得注意;但尤其值得注意的是甲、乙的意见打架。打架不能都对,在长短得失的衡量中,我们更容易把分辨的能力提高一步。例如我们读苏东坡词,像下面三类评论就大有参考价值(皆梁令娴《艺蘅馆词选》引)。

(1)陆放翁云:东坡词歌终,觉天风海雨逼人。

胡致堂云:词曲至东坡,一洗绮罗香泽之态,摆脱绸缪宛转之度,使人登高望远,举首高歌,逸怀浩气,超脱尘垢,于是《花间》为皂隶而耆卿为舆台矣。

(2)晁无咎云:东坡词,人谓多不谐音律,然横放杰出,自是曲子内缚不住者。

《吹剑续录》云:东坡有幕士善歌,因问"我词何如柳七?"对曰:"柳郎中词,只好十七八女孩儿按红牙拍,唱'杨柳岸晓风残月';学士词须关西大汉执铁绰板,弹铜琵琶,唱'大江东去'。"公为之绝倒。

(3)李易安《词论》:至晏丞相、欧阳永叔、苏子瞻,学际天人,作为小歌词,直如酌蠡水于大海,然皆句读不葺之诗耳。

陈无已云:东坡以诗为词,如教坊雷大使之舞,虽极天下之工,要非本色。

(1)组说好,(2)组说有短有长,(3)组说不好。(2)组是中间派,(1)组和(3)组意见相反。究竟哪一种看法对呢?碰到这种情况,我们要多琢磨琢磨,虽然未必能够解决争执,却可以顺着前人的思路走一过。走,

怎样学习文言文

当然要用自己的脚,所以实际是边听边想,这对于磨练眼光是大有好处的。

(三)评价的眼光起于感性,却不可长期停留于感性

感性有靠得住和靠不住的两面。因为是自己的实感,货真价实,这是靠得住的一面。但感性容易随时间而变、随情境而变,尤其是评价对象处于两可之间的时候,也许一时觉得有可取,另一时觉得无足取,这是靠不住的一面。要求靠得住,就必须积累感性,一再剪裁修正,使之系统化、理论化;换句话说,每下一次判断,都要能够说明这样评价的根据,虽然不给旁人讲解的时候可以不出口,但要心中有数。这数,小而言之是言之成理的理,大而言之是文学批评的立足点。这自然不容易,所以就初学说,可以不要求像文学批评家说的那样深,那样广;甚至低之又低,只要求不停留在"我喜欢""我不喜欢",而能够进一步说说为什么喜欢、为什么不喜欢。这个粗浅的理是必要的,并且是有大价值的。因为用它作基础,我们就能够建筑起系统理论的楼台,或说是锐敏而准确的眼光。有了这样的眼光,学习文言中的许多辨别、选择问题都可以迎刃而解。

学习文言的进程,以上学阶段为比,有小学、中学、大学之别。评价眼光的高低、深浅,自然也随着阶段的变化而有不同。但事实是,只要接触文言作品,就任何时候都在评论;也要求任何时候都评论,以期能够自己辨别方向,事半功倍。读,使用眼光,锻炼眼光,有三点需要注意。

1. 要相信自己,胆量大一些。这可以从不同的意义上说。(1)应该重视自己的实感。例如我们读一首诗或一篇文章,觉得它描写景物非常好,能够把我们引入另一境界,或者抒发感情非常真挚,使我们几乎要落泪,这实感来自切身感受,最真,最重,所以最有价值。(2)要敢于撇开传统,撇开流俗。评论任何事物,传统和流俗的意见都是力量大的,有时大到使

第八章 冷暖自知

所信奉的事物成为天经地义,不容怀疑,甚至常常使你想不到怀疑。旧时代的"子曰""诗云"就属于这一类,既然是子所曰,诗所云,其为正确还会有问题吗?我们要有王荆公说《春秋》是"断烂朝报"那种精神和胆量,问一问子所曰、诗所云为什么就不错。经过自己衡量,如果觉得并不是这样,要敢于提出相反的意见。自然,相反的意见未必能保险正确,不过自己不信而随波逐流,那就无法培养眼光,也就谈不到提高。一定要有"坚持自己所信"这种精神、这种胆量,评论的眼光才能培养成,这样培养成的眼光才有分量,作用大。当然,这里所谓撇开传统、撇开流俗,并不是提倡故意作翻案文章;而是为了培养评价的眼光,得到可信赖的评价,必须实事求是,认真负责。(3)传统和流俗未必不可信赖,例如说《史记》的文章好,杜甫的诗好,历代不同意的人很少,只是这种看法,必须用自己的脑子滤一下,所谓好才不是人云亦云,才是内容充实的更可信赖的判断。

2. 要虚心。这像是相信自己的反面,其实二者是相辅相成的。因为:(1)任何评价,即使背后有言之成理的理,也终归是主观的,它可能错,不只持不同意见的人这样看,过些时候自己也可能这样看。(2)不同的意见之后有不同的理,不经过仔细思量,我们不当轻易地一笔抹杀。(3)唯有在不同意见的争论、对比中,分辨好坏的眼光才会得到磨练,逐渐提高。(4)评论作品不是用秤衡物,可以确定是半斤或是六两,而是我们可以仁者见仁,别人可以智者见智,我们愿意别人尊重我们的意见,就应该也尊重别人的意见。

3. 要全面估计所评论的对象,就事论事,也就是不当提出非客观条件所能容许的要求。例如张溥《五人墓碑记》是一篇思想很好的文章,可是里面有"待圣人之出而投缳道路"的话,现在看来,称崇祯皇帝为圣人实在有点肉麻,可是在那时候不这样写又怎么称呼呢?又如贾思勰《齐民要

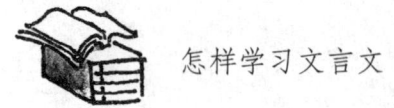
怎样学习文言文

术》是价值很高的书,可是由辞章方面看,语言平板枯燥有如记账,这是因为内容是介绍农业生产,题材就是这样干巴巴的,能够清楚有条理地写出来已经很不容易了。此外,一本书,一篇文章,常常是有短有长;如果是这样,我们就不当因其短而忽略其长。

以上泛泛谈了评价眼光的重要及其培养。评价的眼光,除了参考别人的意见以外,还要在使用的过程中培养,培养也是为了使用,所以同样重要的是了解怎样运用。以下谈谈怎样运用的问题。

对文言读物的评价,正如对所接触的其他事物一样,要求可以分为三等:一是有明确的观感,二是表示意见,言之成理,三是意见正确。我们稍加思索就可以知道,要求之一是太低了,因为可能是浮光掠影的印象,禁不住推敲;三是太高了,评价对象是作品,怎么能够保证,甚至怎么能够知道一定正确呢?所以适当的合理的要求是二,不只能够明确地判断"好"或"不好",而且能够说明所以如此判断的成系统的理由。所谓"成系统"包括两层意思:一是内部完整,各部分不矛盾;二是各部分有共同的理论支柱。以王国维《人间词话》为例,他评论多少词人的多少作品,有时是对于某一句的零碎印象,如"西风残照,汉家陵阙"等等,有时是对于某一词人的总的印象,如褒李后主而贬吴文英等等,所有这些都可以用比较概括的"有境界""一切文学余爱以血书者"等理论贯串起来。如果我们喜欢追根问柢,进一步问:为什么有境界、以血书就好呢?我推想,他一定会拿出一套更深微的哲学(主要是美学)上的理论来,因为他早年是治哲学的,好之所以为好,美之所以为美,他一定深思熟虑过。我们学习文言,不是专攻文学批评,当然不能要求这样高。不过道理还是一样的,碰到某作品,读了,要有个态度;有态度,即使不说,心里总当存有所以如此评断的理由。

第八章　冷暖自知

　　理由是尺，评价是度量之后的计数。尺的大小，准确与否，照上一段所分析，如果过深地追求，会阑入哲学范围，我们可以不要求说明，甚至不要求知道。这样，碰到一篇作品，我们评论，要做的只是两件事：一是评价，好或不好，不很好或很不好，等等；二是说明这样看，为什么。下面举几个例，以表示评论的点滴情况。再说一遍，供参考的是"方法"，不是"结论"。

　　1. 例如西汉的两篇文章，一篇是大作家司马相如作的《上书谏猎》，一篇是杨恽作的《报孙会宗书》，读过几次，我总喜欢后一篇。在封建专制时代，忠君，为帝王出谋划策自然也未可厚非，但想到为统治者的安全而大声疾呼，总觉得势利气重一些。而杨恽的信则直写自己的苦闷和志趣，显得品格高尚而性情恳挚，所以评价应在《上书谏猎》之上。这样评定，其理就是：耿介或近于耿介的行径是好的，势利或近于势利的行径是不好的。

　　2. 例如《文选》收的赋都是名篇，其中王延寿《鲁灵光殿赋》和向秀《思旧赋》都为大家所熟知。前一篇用力描画，文字光怪陆离；可是很多人还是喜欢读后一篇，鲁迅先生甚至以它写得太短为遗憾。两篇赋性质不同，一重在写景物，一重在抒情怀，或者不宜于放在一个秤上称；不过，如果容许总而言之地分别价值的高下，我觉得应该说《思旧赋》的等级要列在《鲁灵光殿赋》之上。这样评定，其理就是：《鲁灵光殿赋》有不少虚夸的成分，而《思旧赋》则是真情实感。虚夸，用重彩描画，看看自然也好玩；但想要动人心弦，那就非真情实感不可。

　　3. 例如韩愈写过不少祭文，其中《祭鳄鱼文》和《祭十二郎文》都很有名，尤其前一篇，新旧《唐书》都收入本传，后代有不少文人捧为"词令在周汉之间"，"近于六经"，"两汉以来未有"，等等，可是许多人读了，总觉得不像《祭十二郎文》那样能感动人。因此，现在看来，我们应该撇开传统的观点，说《祭鳄鱼文》并不像过去有些人吹捧的那样好，而是远远不如《祭

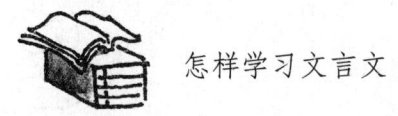
怎样学习文言文

十二郎文》。这样评定，其理就是：祭鳄鱼多少有些卖弄道学的声势，所以说了不少门面话；而祭十二郎则出于至性，所以能够语句中含有泪水。

4. 例如清朝早年有个顾炎武，晚年有个龚自珍，都是大作家，可是文风不同：顾平铺直叙，像是用文言说家常话；龚则不然，左曲右折，像是用文言种奇花异草。譬如同是谈居庸关，顾文是：

> 又西六里为居庸关南口，有城，南北二门。《魏书》谓之下口，《常景传》："都督元谭据居庸下口。"……《元史》谓之南口。自南口以上，两山壁立，中通一轨，凡四十里，始得平地，而其旁皆重岭叠嶂，蔽亏天日，《水经注》所谓"山岫层深，侧道褊狭"，"晓禽暮兽，寒鸣相和，羁官游子，聆之者莫不伤思"者也。
>
> （《昌平山水记》卷上）

龚文是：

> 居庸关者，古之谭守者之言也。龚子曰："疑若可守然。"何以疑若可守然？曰：出昌平州，山东西远相望，俄然而相辏相赴，以至相蹙，居庸置其间，如因两山以为之门，故曰"疑若可守然"。……故曰"疑若可守然"。下关最下，中关高倍之，八达岭之俯南口也，如窥井形然，故曰"疑若可守然"。
>
> （《定庵续集》卷一《说居庸关》）

这里撇开内容，专说文笔，顾文如直性人，有什么说什么；龚文如城府很深的人，说话总想拐弯抹角。在文学史上，龚是诗文大家，顾的大名主要

第八章 冷暖自知

不来自诗文。可是我个人总有个偏见,认为无论诗,无论文,总是顾的平实而少疵病;龚有才有学,其失为一下笔就想不同凡响,以致有时诘屈聱牙,生硬费解,所以求上反而落于下乘。这样评定,其理就是:自然比造作好。

5. 例如南北朝晚期有两部名著,徐陵《玉台新咏》和颜之推《颜氏家训》。两书都有序(颜书名《序致》)。徐序是用骈体写的,文字美,典故多,声韵铿锵,显然用了大力量;颜序只是用当时习用的文体说些家常话,修辞方面似乎没有用功夫。举二序的结尾为例。徐序是:

> 固胜西蜀豪家,托情穷于鲁殿;东储甲馆,流咏止于洞箫。孪彼诸姬,聊同弃日;猗欤彤管,丽矣香奁。

颜序是:

> 每常心共口敌,性与情竞,夜觉晓非,今悔昨失,自怜无教,以至于斯。追思平昔之指,铭肌镂骨,非徒古书之诫经目过耳也,故留此二十篇,以为汝曹后车耳。

徐文秾丽,颜文平淡,我个人觉得,还是颜文意味厚一些。这样评定,其理就是:以人的面貌为喻,涂饰太过反而不如不施脂粉,以本色出现。

6. 例如谢灵运诗与《古诗十九首》相比,谢诗词藻很讲究,内容、篇章等很精炼,不能说不好,可是如果我们放下它,接着读《古诗十九首》,就会觉得,还是后者情境真,味道厚,所以应该列入更上乘。这样评定,其理就是:朴厚、纯真比藻丽、精炼更可贵,因为真挚、朴实最能感人,是更

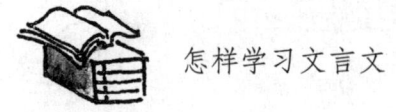
怎样学习文言文

难达到的境界。

  与传世的文言作品相比,以上所举不过是沧海之一粟,并且出于主观,可能都很不妥。这里想着重说的其实只是,学文言,想提高,就必须培养自己的眼光。这虽然不容易,但既然非此不可,我们就只好勉为其难了。

第九章 循序渐进

学习文言,目的是由不会而会。由"不会"起,开头是界限鲜明的,第一次听别人讲或自己读文言作品,即《红楼梦》起始所谓"此开卷第一回也"。"会"则没有止境,一是因为文言典籍浩如烟海,无论如何总不能遍览;二是因为"知也无涯",无论多么博雅,总有自己体会不透的,甚至理解错误的。就我们一般人说,学习文言,由开头起,不过向前走很短的一段路。但是就是这一段路,也要走得得法才能够顺利前进。怎么能够得法呢?概括地说要循序渐进。

学习文言的循序渐进,情况可以由四个方面说明。

(一)由浅而深

这个原则之为正确而重要用不着说,困难在于怎

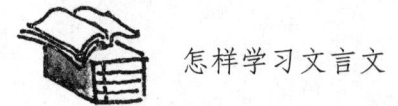 怎样学习文言文

么能够准确地评定深浅。典籍太多,情况过于复杂。比如说,今的比古的浅,这样说好像不错,可是宋朱熹等辑的《近思录》反而比《论语》难讲难读;记叙性质的比议论性质的浅,这样说好像也不错,可是《左传》反而比《孟子》难讲难读。几乎任何概括的论断都有例外。又一书一篇之中,部分与部分间也可能有深浅的差别。因此,假定我们已经选定某些作品作为学习文言的读物,而想由浅入深地把这些作品准确地排为"一"字雁阵,即使非绝对不可能,也总是相当困难。可行的办法是:一、信任自己的感触,两种或两种以上读物同时尝一尝,先读那个容易下咽的。二、注意差别比较大的,如《荀子》和《韩非子》,可以确定后者是比较浅的,要先读。三、两种作品,不能一眼看出深浅,要安于差不多,如《战国策》和《史记》,可以任意选定一种先读。

(二)由少而多

这和学习其他事物一样,熟悉之前不能贪多,熟悉之后不只可以贪多,而且必须贪多。所谓多少主要包括三个方面。一是数量方面。开始时期,无论讲还是读,都要脚踏实地,一词一句都搞清楚,记牢,读熟,这就不能快。这样慢慢来,牢和熟在记忆中生根,就成为继续前行的资本。举实例说,初中程度开始学文言,一周不过学习一两篇不很长的文章,到大学,文言稍有根柢并且喜欢阅读的,一周读一部陆游《老学庵笔记》没有什么困难。二是篇幅方面的多少。学习文言,几乎都是由读小诗、短文开始,到有了相当程度,可以读某一作家的选集。再前进,可以读全集,直到读很大部头的,如《乐府诗集》《资治通鉴》之类。三是门类方面的多少。开始时期,所读是一般选本(包括课本)中的诗文,到底子厚了,理解能力强了,那就可以到文言典籍的大海里漫游一下,三教九流(直到《六祖坛经》和

第九章 循序渐进

《云笈七签》等），五花八门（直到《回文类聚》和《楹联丛话》等），都可以翻开看看，觉得有意味就读一读，没有意味就扔开。

（三）由慢而快

开始学，生疏，自然不能快。渐渐熟悉，有的以前需要讲解的，现在不需要了，以前碰到搞不清什么意义的，现在如见故人了，自然就不必再慢。这是"事实上"的必致如此，用不着多说。需要注意的是"道理上"的应该由慢而快。学语言，学得好的主要来源是"熟练"，其次才是"明理"。熟练由多经历来，甲读了五万字，乙读了五十万字，假定理解精粗程度相同，乙的造诣就会比甲高得多。要多读，而时间有限，所以在可能的情况下要尽量求快。（关于快的方法和限制，后面还要补说。）

（四）由借助到自力

开始学，像小孩子学走路一样，要有人搀扶。搀扶是他力，目的是培养自力，渐渐不必搀扶而自己能走。学习文言也是这样，开头必须借助他力。这所谓他力，包括教师、注解和辞书（扩大范围，可以说工具书）三个方面。三个方面作用又不尽同。教师照顾得周到，但管的时间短，比方说，到学的人相当于大学程度，教师就可以退居顾问的地位，让年轻人自己去摸索。注解，有新注和旧注之别，新注比较详细、浅易，有相当程度之后可以逐渐离开或大部分离开；旧注简单，多集中于难点，底子厚了也只能小部分离开。至于工具书，因为文言作品内容很杂，有的还文字深奥，读而不能完全理解是常事，所以离开教师之后，尤其读没有注解的，要常常翻检。学习文言，使用工具书是非常重要的习惯和本领，有此本领，许多疑难可以顺利解决，无此本领则处处坎坷，甚至寸步难行。因此，利用工具书，

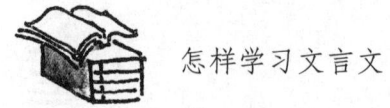 怎样学习文言文

由表面看是借助他力,而实质则是更深远地依靠自力。

以上说循序渐进,偏于阐明概括的道理;为了实践,更加重要的是如何具体做。不过说到具体,在选定文言读物方面却困难很大。这里有几个消极因素:一、评定读物的深浅难于十分准确;二、学习的兴趣和条件,人与人难于尽同;三、读物的供应情况难于掌握;四、专为学习文言而编印的读物(尤其排成系列的)还不很多。因此,依照学习先后开个书篇目录,作为若干年的阅读课表,既非常困难,也是不切实际的。不得已,只好半概括半具体地说说。这可以分作三个方面:一、读什么,二、怎样读,三、常规和灵活。

(一)读什么

显然,这要因人而异。人,年龄、地位、程度、兴趣等可以差得很多,因而以不变应万变的办法必然行不通。这里先说在学校读书的,以初中为例,当然要以学习语文课本上的文言作品为主。但课本上文言教材数量不多,无论为适应学生的"行有余力",还是为加快前进速度,都要以课外读物为辅。选择课外读物,一要程度适当,不过于艰深;二要趣味性较强,以求不用教师督促,学生会主动地去学。这样的浅显读物过去出版过一些,如吕叔湘先生《笔记文选读》、上海古籍出版社《唐诗一百首》、胡云翼《唐宋词一百首》之类都是。具体选什么,选多少,最好由教师指导。

不在学校的(在学校的也可依此类推),不管初学还是已经有相当程度,选定读物,都可以参考以下的意见做(情况复杂,只能略举几项为例)。

1.在多数情况下,可以先今而后古。无论由内容看还是由文字看,都是古代的作品离我们比较远,远,所以更生疏,难懂难学。例如同是传记文章,《史记》列传部分比《清史列传》难得多;同是议论文章,贾谊《新书》

第九章 循序渐进

比黄宗羲《明夷待访录》难得多。像这种情况,如果我们今古两种都想读,就应该先读近代的,后读古代的。

2.在多数情况下,可以先记事而后说理。事是具体的,不费思索就能够想见,理是抽象的,要深入思索才能够领悟,所以前者易而后者难。例如同是战国时期著作,《战国策》记事,《荀子》说理,前者比后者容易读。同一个人的作品也是这样,如柳宗元《种树郭橐驼传》是记事,《封建论》是说理,前者比后者容易读。自然,同是记事或说理,也有难易之别,如陆游《入蜀记》和王士禛《蜀道驿程记》是性质相类的记事著作,可是前者比后者难读;汉朝《白虎通德论》和《盐铁论》是性质相类的说理著作,可是前者比后者难读。又,一部书或一篇文章,常常既有记事成分又有说理成分,两种成分的比例又各式各样,选定时只好就事论事,随机应变。

3.先散体而后辞赋、骈体。由文体演进的历史看,散体和辞赋、骈体是两条水流。两条水流并排自高而下,有时接近甚至重合(在某些作家的笔下),但一瞬间又离开,各走各的路。散体有如实干家,重在言行的致用,所以穿着质朴,甚至不修边幅。辞赋、骈体则不然,有如赵女郑姬,重在炫耀自己的如花似玉,所以不能不浓妆艳抹。因此,自《楚辞》汉赋以下,直到后代的青词、寿序等等,都是满目珠玑,骈四俪六,虽然内容并不深奥,却很不容易读。这样,如果我们想读的两种书或两篇文章,恰好有散体与辞赋、骈体之别,如《古文辞类纂》和《昭明文选》,李清照《金石录后序》和王勃《滕王阁序》,那就可以先读前者。

4.散文和诗词,先读哪一种合适,不能一言以蔽之。因为散文有深有浅,诗词也有深有浅。散文有散文的难点,可能道理很深,如《墨子》的《经上》到《小取》,僧肇的《肇论》;诗词有诗词的难点,可能意境隐曲,如李商隐的《无题》诗和吴文英的词。可行的办法只是就事论事,像初中语文课本那样,浅近的散文和诗交错着选读,以后逐渐加深。

5. 先一般而后专门。所谓一般,意思是:一、见到的机会多,二、内容属于常识范围或与常识接近;反之是专门。前者如《史记》、杜甫诗、韩愈《师说》、黄宗羲《原君》之类;后者如张机《金匮要略》(医学书)、僧祐《宏明集》(佛理书)、卫夫人《笔阵图》(论书法)、范缜《神灭论》之类。显然,专门的内容生疏而艰深,文字也与习用的有距离,因而难读得多,如果想读,就要放在后期(研究某种专业的要另作安排)。

6. 先选本而后全集。有不少公认为优秀而重要的古籍,昔人有选本、评点本,近年来做古籍选注工作的更多。古籍,不管作者多么高明,只要内容相当多,总难免大醇小疵,或说是其中一部分更好,这是一。还有二,内容多,性质杂,其中可能有非一般读者所需要的,所愿读的(如《史记》的《天官书》《三代世表》),为普及,也需要有选本。一种著作,如《左传》《史记》《李太白集》《杜工部集》,已经有选本,就应该先读选本,这样可以少费力而得其精华;然后读全集(不做专门研究的可不读)。选本,有独选一家本,如王伯祥《史记选》、冯至《杜甫诗选》、刘乃昌《苏轼选集》等;有合选诸家本,如人民教育出版社《古代散文选》、季镇淮等《历代诗歌选》、龙榆生《唐宋名家词选》等。如果时间少,不能读得很多,或者为了先鸟瞰梗概,更容易入门,都可以先读合选本,然后先尝后买,按图索骥,自由选读独选本,更其后,如果对某家兴有未尽,再找全集读。

7. 先今注而后古注。为古籍作注,今人与古人比,目的虽然无别,做法却大不相同。今人作注如教师讲书,细致浅显(绝大多数用现代汉语),面面俱到。古人作注就不同,或重训诂,或重考据,只触及他认为必要的点点滴滴而不面面俱到(当然用文言)。所以今注易而古注难,今注用处大而古注用处小(对初学说)。这里说先今注而后古注,包括两种意思:一、

第九章 循序渐进

一种书，如《孟子》，古有汉赵岐注，宋朱熹注，清焦循等注，今有杨伯峻注（《孟子译注》），那就应该用今注本，或者先用今注本；二、两种书，性质相近，深浅差不多，一种有今注，如"四书"里的《论语》（杨伯峻《论语译注》），一种只有古注，如"四书"里的《中庸》，那就应该先读有今注本，放下没有今注的，将来再说。

8. 先经过整理的而后未整理的。所谓整理，有各种情况，这里主要指断句和加注。断句和加注又有新旧之别，新的加标点（旧的只句读），用现代汉语详说，自然更容易读。但古籍没有断句加注的很多，我们学文言，如果底子越来越厚，兴趣越来越浓，胃口就会越来越大，那就不能俟河之清，而不得不涉猎没经过整理的。没经过整理的，难读，当然要尽量排在后期。在没经过整理的典籍之中，有的有句读而没有注，有的有注而没有句读，有的二者都没有，这也要排个次序，最后读既不断句又没有注解的。

（二）怎样读

以上是说"读物"的循序渐进。读的"方法"也有循序渐进的问题，可以分作四个方面说。

1. 初学要"懂"，要"熟"，二者之中尤其要强调"熟"。语言，用词、语、句表意，怎么样就能表达什么样的意思，完全靠约定俗成，因此，想会，就必须熟悉这个约定俗成。学习现代汉语是这样，学习文言也是这样，不熟悉相当数量的词句，碰到没读过的，就不能确定它是什么意思。俗语说，熟读唐诗三百首，不会吟诗也会吟。有人认为这是老一套，不科学，不如多靠规律，一通百通，于是把大部分精力放在细讲解、多分析上。其结果是听的多、想的多而很少读，脑子里就不能印上文言习惯，理解文言的能力就不会比较快地提高。要怎么样学呢？以初学为例，听讲或自学一篇，

怎样学习文言文

比如苏轼《赤壁赋》，词句都正确理解之后，要熟读。方法是这样：一、要在声音的大小、快慢、抑扬顿挫中确切体会词句的意义及其前后的联系。过去有人嘲笑私塾先生，读书时慢条斯理，摇头晃脑，闭目吟味，像是陈腐得很可笑，其实这也许正是全神贯注的表现，想读而多有所得就要这样。二、快慢的程度要以能不能确切体会词句的意义及其前后的联系为准，如果快而不能确切体会，就慢；能，就快。三、这样读三四遍或两三遍，放下，过两三天或三五天，要拿出来，再读两三遍。这样至少重复三四次（喜欢读还可以更多，直到能背），到相当熟了再放下。这一篇如此，学其他篇还要如此。一篇熟，两篇熟，许多篇熟，基本功越来越深厚，前进就可以一帆风顺。

2. "精"与"博"要配合得适当。上一段举读《赤壁赋》为例是精。以走路为喻，精是脚踏实地，一步一个脚印。但走路还有另一个重要要求，早达到目的地，所以总是慢慢踏还不成，同时要快，也就是多读，或说博览。两者怎么样配合呢？先说精。从初学的一端到另一端的无止境，对某些作品，或者因为它是基本的，或者因为读者有特殊需要，都要精读（就是后期，至少也要透彻理解）。所谓基本，传统的评定是大致可信的，如同是《春秋》的传，《左传》比《谷梁传》基本，同是六朝作品，《世说新语》比王嘉《拾遗记》基本。所谓特殊需要，如读者是研究经济史的，就要精读史书《食货志》。只是精读的时间可以有变化，早期必慢，以后可以逐渐加快。博览呢？由初学起向前走，大致可以这样变化：一、由少而多。例如初中一年级语文课本上的文言教材一学期不过一千字左右，课外读几千字甚至上万字不会有什么困难；十年八年之后，如果锲而不舍，半年涉览若干种书也不会有什么困难。二、由浅而深。初学，理解文言的能力差，只能读浅易的；程度高了，读得多，深浅都会碰到，有时还要着重读深的。三、由精而

第九章　循序渐进

粗。初学读课外读物,也要字字寻根问柢,否则会雾里看花,仿佛有所感而实际无所得;有相当造诣之后就可以(尤其读某些不关紧要的作品,如冷僻的笔记之类)一瞥而过。这样快,有的地方难免不完全了解,这也无妨,多与精不能两全的时候,舍精取多也是有好处的。四、由醇而杂。初学,进程慢,有限的时间必须用在刀刃上,读物就要是精选的;到造诣相当高的时候,就可以东翻翻,西看看,举例说,像《汉魏丛书》那样杂,涉猎一过也不难。总之,还是前面说过的话,学通文言主要靠熟,而博览则是熟的必要条件。

3. 要学习使用工具书。工具书包括什么,怎样寻检,本书的附录部分还要择要介绍。这里只想说明,学习文言不能总靠教师和注解,因为教师常常不在跟前,有不少文言作品没有注解,或者虽有注解而不够详细。工具书,只要能找到,就常在身边,不只内容丰富,而且诠释确切,所以由初学起就应该手勤,培养寻检的习惯,积累寻检的知识。使用工具书也要循序渐进。最初是查普通的辞典,以补教师讲解和注解的不足。其后,讲解和注解的作用逐渐减少,寻检工具书的作用逐渐增多,直到完全离开教师和注解,能够翻检多种常用工具书(甚至类书、政书等),以解决阅读中碰到的大部分疑难问题。工具书的一部分是目录性质的,从博览的角度看,有特殊的重要性,因为它好像游览的向导,不只可以保证游者不迷路,还可以指引游者看到一切名贵的景物,所以更要经常利用。

4. 要以理性知识为辅。所谓理性知识,是指一般介绍古汉语常识的书里讲的那些知识,包括文言词汇、文言虚词用法,文言句法特点,与现代汉语的比较等。初学文言,接触文言词句不多,一知半解,所得是感性的。感性的零碎知识逐渐增多,自己也会有意或无意地总结一下,如"去"的意义一般是"离",不是"往","是"经常是代词而不是系词,等等,这样

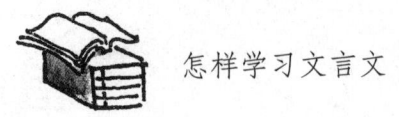
怎样学习文言文

总括来的认识是理性知识。理性知识有系统性,可以使感性知识更清楚,更巩固。因此,到学习文言颇有进益的时候,找一本介绍古汉语常识的书看看是有好处的。但这好处是辅助性的,不当喧宾夺主。所以这样说,是因为:一、就学习语言说,通的主要基础是熟,不是记道理;二、古汉语知识的起作用,要在有相当数量的感性知识之后;三、某一具体词句的确切意义,常常不是概括知识所能决定的。有的人出于一片好心,想下小网而得大鱼,讲授文言,一开始就把重点放在语法分析上,如说"公将鼓之"的"鼓"是名词作动词用,"吾谁欺"是"吾欺谁"的倒装句法,等等。这样讲讲好像也没什么不可以,其实是所得未必能偿所失。因为:一、说法本身有问题,"鼓"是名词,这是怎么知道的?显然,这是用现代汉语的尺去量的,如果用古汉语的尺去量,它就很可能是既名又动。"吾谁欺",古汉语经常这样说而不说"吾欺谁",既是常态,算"倒装"合适吗?用现代汉语的架子装古汉语,很容易成为脱离实际的臆说,是不妥当的。二、即使这些知识都记住了,碰到一些新的词句,如"齐人三鼓","吾谁与归",就能用旧框子一套而确切理解吗?显然不见得。三、让初学硬记这些,多少总要占去一些时间和注意力,而用处却很小,是不合算的。因此,按照循序渐进的原则,古汉语的理性知识,以放在辅助地位,晚一些学习为宜。

(三)常规与灵活

以上所讲循序渐进的安排,是一般情况下的常规。学习文言,一定要照常规办事,不可灵活吗?显然不能这样机械。在旧时代,绝大多数人是先读四书五经,这是由深开始而不是由浅开始;有的人学会文言,是先读《天雨花》《聊斋志异》之类,这是由杂览开始而不是由精读开始;还有的人是识字不多就读《纲鉴易知录》,进而读《资治通鉴》,这是由大部头开

第九章　循序渐进

始而不是由零篇开始。可见事实是条条大路通长安。关键在于能不能勤,能不能坚持;能,则其结果是"熟",自然就可以学会。那么,是不是可以不要常规呢?也不然,因为我们是生活在现代,学习的内容和条件与旧时代大不同,昔人的办法我们不能照搬,也不必照搬。但是参考的价值还是有的,就是说,常规之下可以容许有限度的灵活。举实例说,初学,在按部就班的行程中,偶尔碰到王利器《颜氏家训集解》(上海古籍出版社出版),注用文言,比较深,可是翻翻,觉得有兴趣,就可以一篇一篇看下去;甚至偶尔碰到的是没有注解的《阅微草堂笔记》(上海古籍出版社有新排印本),翻翻,觉得有兴趣,也可以一则一则看下去。底子还不厚的时候,这样涉览自然会感到困难,有些词句似懂非懂,甚至完全不懂。但这也无妨,因为其结果是:一、看多了,原来似懂非懂的,懂了,完全不懂的,好像有些懂了;二、很多人有这种经验,读深的,虽然不能透彻领悟,可是回过头来读浅一些的,觉得轻而易举了。总而言之,是很有助于提高。为了更快地提高,常规与灵活要互相辅助。常规之所以能成立是由于能够保证稳步前进;如果灵活一下反而可以比较快地前进,又何乐而不为呢?

第十章 行文借鉴

我们现在讲读文言，一般说，目的并不包括学会写。这倒不是完全因为学写太难，而是主要因为应该用现代汉语作交际工具。当然，不要求写并不等于禁止写，有的人喜欢读，读多了，资本逐渐雄厚，有时见猎心喜，也顺口哼哼仄仄平平仄仄平，或者在只给自己看的什么文字里，如日记，或者只给与自己有同好的人看的什么文字里，如信札，完全用文言写，自然也未可厚非。这样练习使用文言，对学习文言或许还有些好处，因为会有助于熟悉、巩固。但这终归是少数人足不出户的事，说话或写作，经常是给很多人听、很多人看的，为了意思能够顺利地传达，我们必须用现代汉语说，用现代汉语写。

用现代汉语写文章，能够从文言里得到什么助益吗？有人说，不但无益，反而有害。以中学阶段为例，

第十章 行文借鉴

有的学生语文程度不高,使用现代汉语还拿不稳,念了一些文言,于是拿起笔来文白搀杂,弄得非驴非马。想来这是事实,但应否归咎于学文言却还要分析。我个人看,这现象的根源恐怕是:一、现代汉语没有学好,不能随心所欲地表意;二、还不了解文白的关系,甚至错误地认为,搀用一些文言可以抬高现代文的声价。但这现象也可以说明一种道理,就是想要古为今用,必须今已经通了,对古也有相当的认识。因为文言尚未学会,你就不知道它有什么优缺点,也就不能借之为鉴;现代文不通,没有定形,你就不能以之为本,来吸收身外的营养。由此可见,所谓行文借鉴,在学习文言的进程中是后期的事。后期,却并非不重要,因为既然要学,就总会有后期;又,如果有提高现代文的作用,我们就没有理由不重视它。

用现代汉语写文章,以文言为借鉴,做法当然不出两个方面:一是正面的,取其优点;二是反面的,避其缺点。取,避,先要知道什么是优缺点。尤其要注意的是如何取,如何避。写文章,偶尔引一两句子曰、诗云之类,以增强内容的分量,当然可以,但这引文还是以文言的面貌出现,没有"化入"现代文,并不是本文所谓借鉴。另一种情况是,兴之所至,随手抓来一些文言词语,放在现代文里,圆凿方枘,文白不能水乳交融,更不是本文所谓借鉴。借鉴,要取其神而遗其形;或者偶尔采用少数词语,这虽然是取形,放在现代文里却顺理成章,能够更恰当地表意,像鲁迅先生的有些作品那样,当然也未尝不可。总之,要把来自文言的东西"融会"到自己的笔下,而不是"搀杂"在自己的文章里。

取其神而遗其形,如果能够做到,水乳交融没有问题。问题是采用少数词语,要怎么样才是"融会"而不是"搀杂"。情况千变万化,很难具体说明。勉强说,可以用耳朵作个尺子,量一量,凡是听起来生硬,明显觉得不像日常说话(包括谈论学术问题)的,是"搀杂"而未"融会",反之是

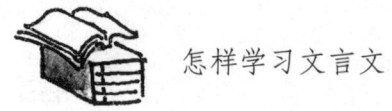
怎样学习文言文

已经"融会"而不是"搀杂"。自然,这也要听的人有现代语文的普通修养才成。

就词语说,写现代文,来自文言的助益有两条路径。一是直接输入,像一些老前辈作家,文言资本雄厚,下笔随手拈来,文中有时出现文言词语,就是这样。初学,文言资本有限,在这方面不能学,也不必学,因为弄不好会画虎不成反类狗。另一条路是间接输入,就是熟悉文言之后,写现代文,选用词语可以面较广,意较确,因为现代汉语的词语,绝大部分与文言词语有传承关系,熟悉文言词语的底细,使用时就容易量才为用,左右逢源。

学会文言有助于选用词语,这虽然是事实,却很难证验,很难在做法方面讲出什么具体道道来。那么,还有什么能言传的值得借鉴的呢?也还有一些。这可以分作三个方面说:一、避免误用,二、吸取优点,三、引为教训。

(一)避免误用

上面说过,文言与现代汉语有传承关系,所以现代汉语里有不少东西,到现在还有明显的来自文言的痕迹,其中最突出的是成语。这类东西,比喻说是进口的,有人还不很熟悉其用法,因而使用时就可能出错。如下面的例就是。

(1)这样的新疗法应该公诸于世。
(2)我们植树大队于下午五时凯旋而归。
(3)主犯坦白交待了罪行。
(4)以为可以如愿以偿,结果是黄粱梦一场。

156

第十章 行文借鉴

（5）人人积极主动,日以继夜地干。

（6）学数学更要按步就班地来,不能三级跳。

（7）要动脑筋,闯新路,不要总是固步自封。

（8）开始学可以一步一趋,但不能总是这样。

（9）虽然年老体衰,也要雄关漫道再越。

（10）这不能视如敝帚,随手扔掉。

（11）有些货脱销已久,却无人问津。

（12）我是老骥伏枥,干不了什么了。

例（1）,"诸"是"之于"的合音,说"公诸于",等于说"公之于于",当然是错的。例（2）,"凯旋"是唱着胜利歌回来,以下加说"而归",等于说两次"回来",不妥。例（3）,"交待"应作"交代",这用的是《左传》庄公八年"及瓜而代"的典故。例（4）,"黄梁"应作"黄粱",这用的是唐人小说沈既济《枕中记》的典故：一个姓卢的读书人在邯郸客店枕着吕仙翁的枕入睡,享尽荣华,及至醒来,"主人蒸黍未熟"。"黍"是"粱",不是"梁"。例（5）,"日以继夜"的意义是用白天继续夜里,也就是夜里干不完,白天接着干,自然不合情理；应该说"夜以继日"。例（6）,"按步就班"应作"按部就班","部""班"都是总机构之下的小单位,"步"不是。例（7）,"固步自封"应作"故步自封",这用的是《庄子·秋水》寿陵余子往邯郸学行不成,"又失其故行"的典故,"故"是旧有的意思。例（8）,"一步一趋"应作"亦步亦趋",这用的是《庄子·田子方》"夫子步亦步,夫子趋亦趋"的典故,意思是照样学,不是一步一小跑。例（9）,"漫道"是随口说、莫要说的意思,这里指漫长的道路,是错解词义。例（10）,曹丕《典论·论文》有"家有弊（敝）帚,享之千金"的话,一般用"敝帚"

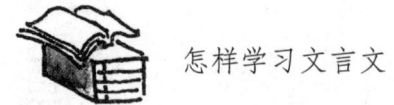
怎样学习文言文

都本此义,表示自己看重。这里应用"敝屣"。例(11),"问津"表示求、取或买,这里应说无人过问。例(12),曹操《步出夏门行》说:"老骥伏枥,志在千里。"这里表消极的意思,不对。像这类说法,如果我们熟悉文言,了解词语的出身和性格,使用时就不会出错了。

(二)吸收优点

与以上说的避免误用相比,吸收优点的情况比较复杂,比较抽象。可是更重要,因为写现代文,借文言为鉴主要是在这方面。我们都知道,在遣词造句、组织篇章,以及记人记事、抒情写景等方面,文言有许多优点,能不能把这些优点吸收到现代文里,做到功效显著而不留痕迹呢?自然不很容易。但只要用心,多体会,勤练习,逐渐接近还是可能的。用心,要由认识文言的优点起,走向自己笔下有意地求形似,并渐渐过渡到无意地得神似。形似,神似,都比较难说;以下着重说说文言的优点,也只是举例,供学习文言而想多致用的人参考。

1.简练。我们读文言作品,都会感到文言有个明显的特点,句子和篇幅都比较简短,因而显得干净、充实、紧凑。简短,原因的一部分是词的字数比较少:文言使用单音词比较多,到现代汉语里,许多单音词变为复音词了。但主要还是由于句子短和篇幅短。自然,长短是形式方面的事,形式要为内容服务;如果表现某种内容需要长,当然也未可厚非。不过也要承认,常常有这种情况,本来可以短,甚至短了表现得更鲜明,有些人却惯于用长句,写长篇。像这种情形,就应该尽量学习文言,把可有可无的字和别扭的说法去掉,以求短小精悍,干净利落。

2.词汇丰富,表达方法变化多。这种特点也是很容易觉察的,比如同是一千字的文章,统计用词的数目(重复的不计),文言比现代文一定多好

第十章 行文借鉴

多;表现相类的意思,文言可用的形式也比现代文多。多,其结果不只显得灵活,而且常常能够更确切,所以值得仿效。

3. 由修辞的角度看,炼字的工夫深。在这方面,文学史上流传的故事不少,如"僧敲月下门","春风又绿江南岸","红杏枝头春意闹"之类,虽然过于在这上头耗费精力难免有舍本逐末之嫌,但是认真求好,不草草了事的写作态度还是可取的。

4. 写情写景长于造境。文言里有不少大家熟悉的名句,如文的"暮春三月,江南草长,杂花生树,群莺乱飞","落霞与孤鹜齐飞,秋水共长天一色";诗的"大江流日夜,客心悲未央","云里帝城双凤阙,雨中春树万人家";词的"落花人独立,微雨燕双飞","今宵酒醒何处?杨柳岸晓风残月";曲的"花落水流红,闲愁万种,无语怨东风","良辰美景奈何天,赏心乐事谁家院":都能用少数文字点染,画出一种优美的境界。现代汉语或者由于不注意,或者由于句法松散、冗长,已经不大有这种本领。能不能以文言为借鉴,在这方面有所创造呢?这就有待于作家们努力了。

5. 委婉。这也是文言中常见的一个特点。表现在多方面,由谦称到避讳等等都是。其中不少是封建社会的糟粕,如上书一定要说"死罪死罪"之类。但也有一些,如《论语·先进》:"非曰能之,愿学焉。"《左传》僖公三十三年:"若从君惠而免之,三年将拜君赐。"《资治通鉴》卷六十五:"今治水军八十万众,方与将军会猎于吴。"都是意思很真率而话说得很委婉,显得比直说巧而得体。现在,需要这类辞令的机会大概不多了,不过在适当的场合,直说显得粗野莽撞的时候,学学文言的这种手法还是有好处的。

6. 注意句法整齐。文言作品着重修辞,办法比较多。有些比较琐细,可以从略;这里只想谈两个方面,句法整齐和声音和谐。所谓句法整齐指字数相同(少数只是相近)的语句的重复。又可以分为三种情况。一是散

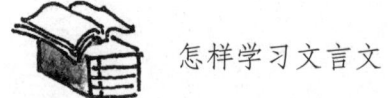
怎样学习文言文

行,如"寺西有园,多饶奇果,春鸟秋蝉,鸣声相续。中有禅房一所,内置祇园精舍,形制虽小,巧构难加"(《洛阳伽蓝记》)。二是对偶,如"遥衿甫畅,逸兴遄飞。爽籁发而清风生,纤歌凝而白云遏。睢园绿竹,气凌彭泽之樽;邺水朱华,光照临川之笔"(《滕王阁序》)。三是排比,如"今陛下致昆山之玉,有随和之宝,垂明月之珠,服太阿之剑,乘纤离之马,建翠凤之旗,树灵鼍之鼓……则是夜光之璧不饰朝廷,犀象之器不为玩好,郑卫之女不充后宫,而骏良駃騠不实外厩,江南金锡不为用,西蜀丹青不为采"(《谏逐客书》)。这样运用整齐的句式表情达意,我们读了会感到内容更切实,更显豁,而且形式上有回环往复之美(其中有音韵美的因素)。现代文想照猫画虎自然有困难,但是在适当的地方酌量用一下,是一定会起不小的修辞作用的。

7. 声音和谐。这比较多地表现在骈体,尤其是诗词方面。办法是调平仄、用对偶和押韵。我们写现代文,一般用散体,似乎与声音和谐风马牛不相及。其实不然,尤其是调平仄,在散文里也未尝不重要。比如平行的两句,都是平声或仄声收尾,就不如用一平一仄或一仄一平收尾;在一句里,比如达意要用四个字,而两种说法都通顺,与其用平平平平或仄仄仄仄,就不如用平平仄仄或仄仄平平。当然,希望散文做到声音和谐,要求像是高了些,细了些。但这问题还可以从另一面看,辨别声音和谐的能力、喜欢声音和谐的爱好是人本来有的,只要动笔时多多注意,养成修辞的习惯,即使不能句句抑扬顿挫,但做得好一些还是不难的。

8. 风格的百花齐放。写文章,不同的人有不同的风格。现代文自然也是这样,但没有在文言作品中表现得那样显著。风格是作家的才能、学识、性格、兴趣等在文字上的表现,像是不可学,其实不然。苏东坡的文章以奔放流利见长,有人说这是得力于《庄子》,还有人说是得力于《华严经》,

第十章 行文借鉴

如果是这样,那就是学习他人的风格以形成自己的风格。学风格还可以兼采众长,不主一家。学习某作家的风格,化入自己的笔下,这自然是比较难的。但多用心,慢慢来,点点滴滴地吸收还是容易做到的。比如我们已经熟读了先秦的主要典籍,体会到《论语》的风格是朴厚,《庄子》是飘逸,《荀子》是谨严,等等,然后可以就自己的性之所近,心之所好,在自己的文章里,先是有意地模仿,以后渐渐成为习惯,就会不知不觉地得其神理。我国旧时代作家如林,各有各的风格,多体会,多学习,结果就会如蜜蜂的杂采而酿成自己的蜜,收获是不可限量的。

学文言,正面学其优点,可走的路还有很多,只要细心摸索,不难由以上的例类推而得之。

(三)引为教训

任何人类创造的事物都有好有坏,文言作品自然也不能例外。好坏的情况相当复杂,就汗牛充栋的大量典籍说,有的很好,有的很坏,有的大醇小疵,有的很少可取,有的瑕瑜互见,有的可上可下;就一种书或一篇文章说也是这样。有好处,我们要容纳;有坏处,我们要唾弃。但唾弃的办法是消极的,不如更进一步,了解坏处的所以然,把它当作反面教员,引为鉴戒,以期不在现代文里蹈其覆辙。

文言作品的缺点,常见而比较明显的可以分为两类:一类偏于内容方面,是言之无物;一类偏于表达方面,是不能平实自然。

先说内容方面。文言作品是旧时代的人写的,旧时代的人,思想受旧时代的影响是自然的,对此,我们不应该苛求。但是提笔写作,不管你旧到什么程度,总要有所信,有些见识,并且能够说得合情合理。有些作品不是这样,而是内容很贫乏,专在文字上耍花样。这又可以分为三种情况。

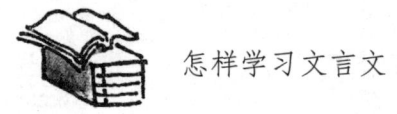 怎样学习文言文

一种是极力求秾丽,修饰铺张,像隋朝李谔所批评:"连篇累牍,不出月露之形;积案盈箱,唯是风云之状。"由汉朝起直到初唐,不少赋和骈文就是这样。一种是虚张声势,"呜呼""盛矣哉"一大堆,由表面看像是有所感而发,慷慨激昂,煞有介事,仔细一推敲,却完全是背诵老调,毫无新意。像吕祖谦的《东莱博议》和其他人的一些史论就是这样。一种是无病呻吟,心中本来没有实感,饱食之余,附庸风雅,也装腔作势地说说愁,抹抹泪,明眼人一看就知道是扮演。像有些男作家写《寡妇赋》和《闺思》之类就是这样。

再说表达方面。写文章是为抒情表意,所以能够"辞达"就好。可是有些人不以此为满足,偏偏要字面上不同凡响,其结果是既不平实,又不自然。这也可以分为三种情况。一种是极力求古奥。旧时代的读书人,几乎都厚古薄今,人是古的好,文章也是古的好。像明朝的前后七子就更加厉害,主张文必秦汉。其实所谓学秦汉,也只是多用些古字,多用些怪句式,结果是诘屈聱牙,生硬别扭。一种是在词句方面讲究气势,如唐宋以来的有些大家的有些篇章,读起来像是音节铿锵,仔细吟味,总觉得在形式方面用力过多,不是以内容说服人,而是以腔调吓唬人,不像读朴实自然的文章那样心平气和。一种是极力造作,避熟就生,以求出奇制胜。像明朝晚年竟陵派的文章就是这样,拿到手里,想读,却不能顺流而下,甚至不反复捉摸就不知道说的是什么。

集缺点之大成的是元明以来的八股文,用钦定的格式起承转合,代圣贤立言,表面头头是道,骨子里却强词夺理,虚夸疲弱。幸而现在读这种文体的人很少了,谬种不至原样地流传;但百足之虫,死而不僵,借尸还魂的危险还是可能有的,所以至少为了防患未然,以文言中的严重覆辙为鉴戒还是必要的。

附录一 工具书举要

讲读文言,只是一般地想教会学会,不是专门研究某学科,也会碰到各式各样的疑难问题。有疑难,向人请教是个办法,但不如依靠工具书,因为既方便,又确实详尽。讲读文言,有使用工具书的知识,翻检工具书的习惯,就能够化难为易,比较快地提高。这方面的工具书,需要经常参考的很有一些,按照性质的不同可以分为七类:一是综合的辞书,二是专门的辞书,三是索引,四是年表,五是类书,六是目录,七是政书。每一类里又包括若干种。以下依次作简略的介绍(常用的、难查的稍详一些)。

(一)综合的辞书

1.《辞源》——商务印书馆编辑出版。这部书有旧版、新版两种。

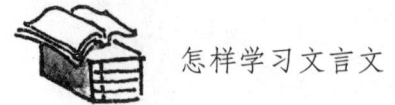 怎样学习文言文

旧版由 1908 年开始编，是我国第一部综合性的收罗古今词语最多、解释比较清晰详实的大型辞书。新版《辞源》的《出版说明》介绍它的性质是："以旧有字书、韵书、类书为基础，吸收了现代词书的特点，以语词为主，兼收百科；以常见为主，强调实用；结合书证，重在溯源。"这意思就是，凡是一般书籍中有可能遇到的字、词、语，不论古今中外（实际是中多古多），都收罗在内，所以切合实用。初版于 1915 年编成，按开本大小分甲、乙、丙、丁、戊五种版式出版，除甲种线装以外，都是上下两册。十几年后，为了吸收新词语，补缺漏，于 1931 年出版《辞源》续编。先是单行，到 1939 年把条目拆散，并入正编，成为合订本，仍为上下两册。字自然用繁体。条目以单字为纲，单字按部首排列。部首分为子、丑、寅、卯等十二集，由子集"一"部到亥集"龠"部，共 214 部，同于《康熙字典》。单字之下分条排列由该字起头的词语；字数少的在先，多的在后；字数相同的，笔画少的在先，多的在后。注音用反切，主要依据《广韵》，并标明属于哪一韵部（依据《佩文诗韵》）。一个单字有不同的读音、不同的意义，都分项注明解释。解释用文言，只断句。

我国辞书，较早的有不少是按部首排列的，因而翻检时就要先熟悉部首。《辞源》，有的版本后面附有《四角号码索引》，熟悉四角号码的人想查某一词语，利用索引，先查明该词语的页数，非常方便。不熟悉四角号码的人，还是要先熟悉部首。部首共 214 部，熟悉它不难，难在完全知道某一字入某一部。有些字一看就能断定，有些字就不然。例如"行"不入"彳"部，因为它是部首；"乌"入"火"部，因为"灬"是"火"的另一形体；"状"不入"爿"部，入"犬"部，"相"不入"木"部，入"目"部；等等。碰到这类情况，可以先查书前的"检字"，数数想查的字是若干画（作为部首的偏旁，笔画也算，而查某部所属的字时，则不计偏旁画数），到若干画里

附录一 工具书举要

去找,如果有它,就可以按下边的页码去找。但《检字》所收的字究竟有限,所以还是常常要靠记。部首难查的缺点之外,使用《辞源》还有不方便之处,如注音用中古的反切,现在的读者难于切准,即使切准了也未必与现代读音相合。又如解释古词语,注出处只举书名而不举篇名,引古籍常常节略而没有表示,都使读者感到不方便。不过无论如何,《辞源》总是综合性大型辞书的开山之作,内容充实,在继其后的《辞海》等问世之前,读古籍,作为案头良师益友,它算是最合用的。

新版《辞源》是根据旧版《辞源》,从1958年开始修订的。关于修订的主旨,《出版说明》说:"根据与《辞海》、《现代汉语词典》分工的原则,将《辞源》修订为阅读古籍用的工具书和古典文史研究工作者的参考书。"本此主旨,所以把旧版《辞源》中关于现代自然科学、社会科学和应用技术的词语都删去,而增加不少古典的条目。字用繁体。条目按部首排列,基本上同于旧版《辞源》。分订四册,每册前有《难检字表》。注音兼用汉语拼音和注音字母,并标明反切、韵(依据《广韵》)和声纽。解释用现代汉语或浅近文言,比较详尽。引古书为证,标明书名、篇名,比旧版《辞源》详实。到目前为止,作为学习文言的工具书,这一部是内容最丰富的,我们无妨以之为主,来解决讲读中遇到的各种疑难问题,如果感到还不够,再翻检其他相关的工具书。

2.《辞海》。这部书也有旧版、新版之别:旧版是中华书局编辑出版,新版是辞海编辑委员会编、上海辞书出版社出版。

旧版《辞海》是继旧版《辞源》之后一部综合性的大型辞书,1936年出版,分上下两册;1947年出版合订本,一册。体例大致与旧版《辞源》相同。字用繁体。单字按部首排列,部首不再分子、丑、寅、卯等集;单字下按字数多少、笔画多少排列词语条目。注音用反切,兼用直音,标明韵

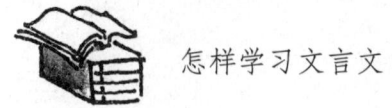

怎样学习文言文

部（依据《佩文诗韵》）。解释用文言，加标点。书前有《检字表》。内容比旧版《辞源》有所改进，选择条目比较丰富、精当，解释比较浅明确切，引书注明篇名，便于查核。

旧版《辞源》和旧版《辞海》性质虽然相同，所收条目并不一致，解释也或详或略，所以能互相补充。讲读文言，遇见疑难，应该两种都利用。

新版《辞海》是由旧版《辞海》陆续修订而成。先是由五十年代起开始修订，1962年初步完成，出版《辞海·试行本》，按学科性质分类，分订十六个分册。以后把各类的条目拆散，合在一起，出版《辞海·未定稿》，上下两册。以后再修订，1977年完成，仍按不同学科分类，出版"语词""哲学""经济"等二十个分册（其中"语词"分为上下两册）。接着在分册的基础上整理加工，条目拆散，改为按部首排列，分订上中下三册，于1979年出版。

三卷本新版《辞海》编辑出版靠后，多方面有所改进。全书收单字和词语十万条以上。用简化字，但单字也收繁体，便于读古籍时查寻。部首经过合理调整，改为250部（调整情况见书前《部首调整情况表》），如"江"入"氵"部，"狼"入"犭"部，比旧部首入"水"部、"犬"部容易辨认。偏旁不清楚的字，可以查书前的《笔画查字表》。如果知道要查的字读什么，最好先查书后的《汉语拼音索引》，那里注明该字的页码，一翻就可以找到。注音用汉语拼音，少数罕见字兼用直音，不再注反切和韵部。解释用现代汉语，加标点。引文注明书篇名，尽量求确切。讲读文言，如果手头没有新版《辞源》，就要多利用这部书。

3.《古汉语常用字字典》——《古汉语常用字字典》编写组编，商务印书馆出版。这是一部小型的专供查古汉语常用字的音和义的字典。所收字分两部分：常用字3700多个，详注意义；罕用字2600多个，入难字表，

附录一 工具书举要

算附录,简注意义。不收词语。字头按汉语拼音字母次序排列。书前有按部首(189部)查的《检字表》。用简化字;繁体、异体加括号,放在字头的后面。注音兼用汉语拼音和注音字母。释义用现代汉语,都引古籍中语句为例证。讲读文言,如果只想知道某字读什么,有什么意义,在此处表示什么意义,用这部字典比较简便。

4.《康熙字典》——张玉书等奉康熙皇帝命令编。在旧时代,这是一部收字最多、注音释义最丰富、体例最完整的字典。康熙四十九年(1710)开始编,康熙五十五年(1716)编成。编时意在广泛收集古籍尤其历代字书韵书中的字,所以收字四万七千多。不收词语。字头按214个部首(前面《辞源》部分已介绍),依笔画多少分别排入子、丑、寅、卯等十二集,每集又分上中下。这种依部首排列汉字的方法对后来影响很大,许多辞书都模仿它。每字之下先注音,后释义。注音先用《唐韵》(实即《广韵》)的反切,后用《集韵》《洪武正韵》等的反切,然后用直音。解释字义用《说文》《尔雅》等字书及古代各种典籍,都注明出处。为了解决部首难查的困难,书前有按笔画排列的《检字》,如"止""允",我们如果不知道入哪一部,可以查《检字》"四画","止"下注明"部首","允"下注明"儿部",就容易找到了。近年来商务印书馆印本书后附有按四角号码编排的《康熙字典索引》,熟悉四角号码的人利用它,查字就更方便了。这部书内容多,编纂时间短,难免有些错误。道光年间奕绘、王引之等编《字典考证》,改正错误两千五百多条,使用这部书时最好兼参考《字典考证》(商务印书馆印本书后附录中有)。这部书版本很多,最好用近年的印本。书的特点和优点是取材广,但就我们现在学习文言说,取材广可能成为缺点,因为绝大部分字我们几乎不会碰到。注音用多种反切,释义用文言,不熟悉古典的人也会感到不方便。

5.《中华大字典》——中华书局编辑出版。这是《康熙字典》之后，一部收字最多的字典，计单字四万八千多，比《康熙字典》多一千左右。我们无妨称它为《康熙字典》的补充修正本。编写于1915年，字自然用繁体。字头按部首排列，214部，分子、丑、寅、卯十二集，同于《康熙字典》（1978年重印本下角有通贯全书的页码，翻检比较方便）。不收由单字组成的词语。注音兼用反切（主要根据《集韵》）和直音，并注明属于某一韵部（也依《集韵》）。释义用文言，在字头后分条排列。如"一"部第一个字"一"，意义分为三十二条，比《康熙字典》眉目清楚。每条释义都引古书中的语句为证，有助于确切深入地了解文言的字义。难于判断属于某一部首的字，可以查书前的《中华大字典检字》。读古代典籍，遇见特别罕见的字，可以利用这部书。会感到不方便的主要也是注音，且不说反切难切准，就是切准了也未必与现代读音相合，如"一"，现在读阴平，书中还是注"质韵"（入声）。不过无论如何，这部书特点明显，优点很多，它不只可以取代《康熙字典》，而且比《康熙字典》更合用。

6.《经籍籑诂》——阮元、臧镛堂等编。这是一部汇集文字古义的字典，嘉庆三年（1798）阮元任浙江学政时请臧镛堂等几十个人，只用五个月编成的。收字一万多，按《佩文韵府》的文字次序排列，由上平声"一东""二冬"到入声"十六叶""十七洽"，共106韵，分为106卷。字头之下没有注音。字义都是从唐朝以前（包括唐朝）的各种典籍中搜罗来的，主要是古代的小学书，如《尔雅》《方言》《说文解字》《经典释文》等书中的训诂材料，以及其他各种古籍中本文或注疏中有关训诂的材料。一字多义，在字头下顺序排列，每种意义都举古籍中训释的语句为证。解释字义不但丰富，而且较古，因而是学习古汉语的重要参考书。只是现在很少人熟悉《佩文诗韵》，查寻某字在哪一卷很困难；近年世界书局印本书前有《经籍籑诂目录

索引》，文字按笔画多少编排，下注明页码，可以补救难查的缺点。新近又有中华书局影印本。

以上几种辞书，就解决学习文言时可能遇见的疑难这个要求说，查字是够用了，查词语有时不够用，因为字数有限而词语无限。我国目前正在编纂更大型的包罗万象的辞书《汉语大辞典》，推想编成以后，会使不能解决的疑难减到很少。这类更大型的辞书，还有台湾中华学术院出版的《中文大辞典》，日本大修馆书店出版的《大汉和辞典》（日语解释），如果图书馆里有，可以参考。

（二）专门的辞书

7.《辞通》——朱起凤著，开明书店出版。这是一部专解释古代典籍中连语（联绵字）的字典。著者用三十年精力，搜罗连语近四万，先名《新读书通》，于1934年改名《辞通》，二十四卷，分上下两册出版。内容主要是说明：一、某字为某字之音同或音近假借，如523页"翩翻"条，下列"翩翩""翩幡""缤翻""缤纷"四个连语，各引古籍出处，说明这五个连语是同一个词的不同写法。二、某字为某字之义同通用，如441页"抱薪"条，下列"负薪"，说明"抱""负"二字通用，所以两个连语意义相同。三、某字为某字之形近而误，如1页"河东"条，下列"可甲"，说明"可甲"应作"河东"，因形近而误。连语条目以下一字为准，按《佩文诗韵》次序排列，如卷一开头的条目为"丁东""河东""和同""冯同""金同"等。不熟悉《佩文诗韵》韵部的人，可以利用书后按四角号码编排的《辞通索引》。这部书材料丰富，对于理解古籍中有些词语很有帮助。但个别地方有时出于个人推想，难免牵强附会，使用时要注意。

8.《词诠》——杨树达著，商务印书馆出版，后改由中华书局出版。

怎样学习文言文

这是一部讲古汉语虚字（比现代汉语"虚词"范围大）用法的字典，1928年编成。收虚字五百多，按注音字母顺序排列。如果不熟悉注音字母，可以查书前的《部首目录》。解释某字，先把它分为几种词性，然后讲某一词性的几种用法。讲用法，都引古籍上的多种语句为证。读文言典籍，想知道某一虚字有何种用法，在某一语句中是何种用法，可以利用这部书。不过书中的语法术语与现在通行的不尽同，使用时要注意。

9.《古书虚字集释》——裴学海著，商务印书馆出版，后改由中华书局出版。这部书性质与《词诠》差不多，只是内容较繁。1932年编成，分十卷。单字依旧三十六字母归类，按喉音、牙音等次序排列，比较难查。解释用法不标明词类，多引《经传释词》《古书疑义举例》等书中的旧说。

10.《诗词曲语辞汇释》——张相著，中华书局出版。这是一部解释唐宋元明间常见于诗词曲中的较俗较虚的词语的专著，收条目一千多，分为六卷，1945年编成。不论单词或词组，都详细解释其意义，有的还扩展到语源的探讨和语法的分析，并列举诗词曲中的语句为例证。研讨比较深，比较透，材料丰富，有说服力。过去训释古籍中的字句，多忽略这类词语，加以这类词语常常意义灵活，较虚，不好讲，因而成为讲读的难点。对于解决这类难点，这部书确是有很大参考价值。只是条目按诗词曲的顺序排列，不易查寻，使用时可以先查书后的《语辞笔画索引》。

11.《中国人名大辞典》——商务印书馆编辑出版。这是一部专介绍我国历史人物生平的辞典，收由远古到清末的人名四万多，1921年编成。人名按笔画多少的顺序排列，少的在前。我国人名一般包括姓、名两部分，条目的人名用黑圆点把姓和名隔开，如"丁·谓""上官·仪"等。姓名下注明籍贯、字、号，然后介绍平生简历，以及有何著述。有些名人见于典籍常用别号、官衔等，读书时遇到不知道是什么人，可以查书后附录中的《异

附录一 工具书举要

名表》,异名按笔画多少排列,下注本名。为了查寻方便,书前有按笔画多少排列的《检字》,较晚的版本末尾有按四角号码排列的《中国人名大辞典索引》。这部书编著较早,人名下注解用文言,只断句;注解都不提材料来源,不提人物的生卒年(可考知的),使想进一步查考的人感到很不方便;对人物评价的观点自然是旧的:这都是本书还需要改进之处。

12.《中国文学家大辞典》——谭正璧编,光明书局出版,有上海书店复印本。这是一部专介绍我国文学家生平的辞典,收由李耳、孔丘到刘师培、黄为基共六千八百多人。人名按时代先后排列,做法是:"录各文学家之姓名、字号、籍贯、生年、卒年(或在世时代)、岁数、性情、事迹、著作等,某项无考者即注明某项'不详'或'无考'字样。其人如有可传之韵事特行、名言隽句,亦均酌量甄录。"(本书《例言》)内容比《中国人名大辞典》详细,解说间用现代汉语,有标点,所以比较合用。想查某一个文学家,要先翻检书后按笔画多少编排的《中国文学家大辞典索引》。

13.《中国古今地名大辞典》——商务印书馆编辑出版。这是一部专解释我国地名的辞典,1929年编成。体例与《中国人名大辞典》相同,前有《检字》,后有《索引》。凡是比较知名的地名,包括政治区划、城镇、山川、关塞、铁路以及名胜寺观等,古今兼收。注古地名,着重解说它的沿革及现在位置。读文言典籍,遇见历史上的地名,这部书可作重要参考。只是这部书编著较早,近年来的地理变化和地名改易自然无法预知,因而不少地方与现在实况不合,使用时要注意。

14.《嘉庆重修一统志》——清朝官修,有商务印书馆《四部丛刊》影印本,也称《大清一统志》。这是一部全面介绍清朝所辖区域的各方面情况的书,可以当作比较详细的地名辞典用。《一统志》从康熙二十五年(1686)开始编,乾隆八年(1743)成书一次,乾隆四十九年(1784)成

171

怎样学习文言文

书一次，道光二十二年（1842）成书一次，所介绍情况截止于嘉庆二十五年（1820），共五百六十卷。内容以政治区划为纲，先京师（北京），后各省及边疆地区，最后还有少数外国。介绍某地，都详说疆域、建置沿革、风俗、城池、学校、户口、田赋、职官、山川、古迹、关隘、陵墓、寺观、人物、土产等方面，可说是丰富而精审。读文言典籍，如果想知道某一地方（如苏州、绍兴）的情况，可以翻检此书的相关部分。如果想查某一地名，可以先查书前按四角号码编排的《索引》。有些地名，《中国古今地名大辞典》里没有，这里常常可以查到。

（三）索引

15.《十三经索引》——叶绍钧（叶圣陶）编，开明书店出版。旧时代，《十三经》中语句常为人引用，如果未提出处，现在的读者想知道出于何书何篇，常常会感到困难。这部索引就是为解决此困难而作，1934年编成。体例是以经传的一句或一逗为单位，列为条目，按笔画多少编排，下注书篇名。如十画第一条"乘人之约非仁也"，下注"囧定四2"，是表示这句话是引自《左传》定公四年，在开明书店出版的《十三经》经文里第2节可以查到。现代熟悉《十三经》的人不多了，因而读文言典籍，这部索引非常有用。

16.《二十五史人名索引》——开明书店编辑出版，有中华书局重印本。这部书搜集《史记》到《明史》共二十五种正史中的人名，按四角号码的顺序排列，编成索引，于1935年编成。读文言典籍遇见古人名，想知道"二十五史"中有他的传没有，如果有，到哪里去找，用这部书很方便。例如我们想多了解作《神灭论》的范缜，不知道正史里有没有讲到他，就可以利用这部书。如果不熟悉四角号码，可以先查书后的《笔画索引》，九

附录一　工具书举要

画"范"字在 300 页,到那里找,301 页中栏有范缜,下注见《梁书》卷 48,《南史》卷 57。如果用的是开明书店"二十五史"本,那里还告诉你页数是 1828 和 2680。

17.《古今人物别名索引》——陈德芸编,岭南大学图书馆出版。文言作品中提到人,常常不用本名,而用别号、籍贯、斋室、谥号等,读时遇见,想知道本名有时不容易。这部书就是为解决此困难而作,1937 年编成。别名按横、直、点、撇、曲、捺、趯七种笔形排列,别名后注明本名和属于哪一朝代。一个别名不只一个人用,把几个人的本名都注出来。如果笔形搞不清楚,可以先查书后按笔画多少编排的《检字》。例如读书时遇见"仰视千七百二十九鹤斋"这个怪别名,可以先查《检字》,六画"仰"字在 438—439 页,到那里查,439 页左栏有,下注明是清朝赵之谦。

18.《室名别号索引》——陈乃乾编,中华书局出版。性质同于《古今人物别名索引》。原分为《室名索引》(1933 年出版)和《别名索引》(1936 年出版),1957 年合为一册。室名、别号条目按笔画多少排列。书前有《检字》,注明某字起头的条目始见于多少页。

19.《中国历代人物年谱集目》——杭州大学图书馆编辑出版。想详细知道某一历史人物,或者考实与他有关的某一历史事件,最好读他的年谱。这先要知道他有没有年谱;如果有,到哪里去找。这部书就是为适应此项要求而作,1962 年编成。除年谱以外,兼收不名年谱而性质同于年谱的。谱主按生年先后编排,由周公、孔子起,到蔡焕文、陈去病止。书名下注何人编,都有什么版本。书后附《谱主姓名索引》和《编者姓名索引》,都按笔画多少排。想知道某人有没有年谱,先查《谱主姓名索引》比较方便。

20.《中国历代年谱总录》——杨殿珣编,书目文献出版社出版。性质同于《中国历代人物年谱集目》，1980年编成。除题为年谱者外，兼收"编年""述略"等，内容比较丰富。总计收历史人物由舜、文王到杜鹏程、李季共1829人，年谱3015种（有的人不只一种）。谱主按生年先后编排。书后有按笔画多少编排的《谱主姓名别名索引》，知道人物的本名或别名，很容易查明有没有他的年谱。

21.《四十七种宋代传记综合引得》——1939年哈佛燕京学社编辑出版。

22.《八十九种明代传记综合引得》——田继综编，1935年哈佛燕京学社出版。

23.《三十三种清代传记综合引得》——杜连喆、房兆楹编，1932年哈佛燕京学社出版。以上三部书性质相同，都是为查考某朝某人有何传记的。"引得"是英语index的译音，意义与索引同。读文言典籍，遇见一个人名，想知道有没有他的传记，如果他是宋、明或清朝的，就可以利用这三部书。三部书的人名都是按该学社独创的按汉字笔形归类的《中国字庋撷法》编排的，不熟悉此种排字法的人可以查书前的《笔画检字》（由少到多）或《拼音检字》（H·Giles《汉英字典》拼法，与汉语拼音不同）。例如我们想知道宋朝秦观有没有传记，就可以翻检宋代那一本，先查《笔画检字》十画，"秦"的庋撷号码是"2／59260"，于是到书的后半"姓名引得"部分，找到书上角的"II"部，85页"59260"之下有秦观，下注别名为"少游""太虚"，第1、2、3、22、29、32号传记里都有他的传。然后翻看书前的《四十七种宋代传记表》，知道1号是《宋史》，2号是《宋史新编》，等等。如果真想看看《宋史》中的传，可以根据85页"1"后所注"444／4b"（即五洲同文书局石印本《宋史》第444卷第4页的背面）去找。如果遇见的人名只是"少游"，可以到书的前半"字号引得"部分去查，那里（5页）"少

游"下注明"秦观",再查秦观就可以了。明代的编法一样。清代的只有"姓名引得"而没有"字号引得",姓名下不注别名,质量远不如前两种。

24.《**中国地方志综录**》——朱士嘉编,商务印书馆出版。这是一部介绍我国约三十个图书馆收藏地方志情况的书,1935年编成,1958年出版增订本。书名按政治区划编排,如先河北、山西,最后云南、西藏。用表格形式,书名之下列卷数、纂修人、版本,然后用"×"号指明有哪些图书馆藏有此书。书后有按笔画编排的《书名索引》和《人名索引》。读文言典籍,有时想知道某地方的详细地理历史情况,包括城池、名胜以及历代人物、名宦等,可以利用这部书,然后找该地的地方志查看。

25.《**十通索引**》——商务印书馆编辑出版。用途及用法留到后面"政书"部分介绍。

（四）年表

26.《**中国历史年表**》——河南省博物馆编,河南人民出版社出版。这是用表格形式,介绍我国历史纪年情况的书,1980年编成。内容包括四个部分:一、《历代奴隶和农民起义年表》,二、《历史大事年表》(记事很简略),三、《历史纪年表》,四、《历代年号通检》。第三部分起于西周共和元年,止于清宣统三年,是全书的重点,最有用。例如我们想知道秦始皇即位时纪年情况,就可以翻看战国晚年部分,80页由上向下第三横行注明,前246甲寅年秦始皇即位,其时魏、韩、赵、楚、燕、齐诸国是什么君主统辖,第若干年。又如读书遇见一个年号"太平兴国",不知道是哪个君主的,就可以查最后《历代年号通检》,四画"太"字下有"太平兴国",注明是宋太宗的年号。读古籍,脑子里要有个时间的架子,如果模糊或一时期不清楚,就可以查这部书。

27.《中外历史年表》——翦伯赞主编,三联书店出版,有中华书局重印本。这是一部按时间先后,由公元前4500年起,到公元1918年止,介绍各年内(远古是一个时期)中外有何历史大事的书,1958年编成。体裁是以公元纪年为纲,下述历史大事,先中后外。述中国,先写明干支及帝王年号,以下叙述该年大事(多标明在某月)。述外国,自东而西,最后为美洲诸国。材料丰富,叙述简明。读古籍,想知道某年的全球历史情况,查这部书很方便。但使用时要注意:一、历史的一件大事常常延续许多年,本书为体裁所限,只好分开叙述;二、中国纪年与公元纪年并不完全相合,如中国部分所述十二月的大事,按公元说有不少可能是次年一月的。

28.《二十史朔闰表》——陈垣著,北京大学研究所国学门出版,古籍出版社修订重印。读古籍,需要搞清楚史实的时间。但中西历法不同,古今历法不同,同一时期,不同的国度历法也可能不同,头绪纷繁,难得整理出统一而正确的条理。这部书就是为解决此困难而作。著者是严谨的史学家,用多年精力写成此表,可说是为考史者准备了最重要的参考书。时代由汉高祖元年到清宣统三年(后补至民国二十九年〔1940〕)。每一年,由上到下,写明干支(该年的)和某帝王纪年。再下分十二格,表示十二个月,每一格写明干支,表示此月初一是此干支。十二格之下还有一格,注明某年闰某月。根据这个表,我们可以查知某纪年某月某干支是什么日子。例如《资治通鉴》记安禄山之乱,唐明皇由长安逃走是至德元载六月乙未,我们想知道是哪一天,就可以翻检此表,找到唐肃宗至德元载(即天宝十五载),六月一格写"癸未",这是表示此月初一是癸未,向下数,初二是甲申,初三是乙酉,……十三是乙未,就可以知道唐明皇是天宝十五载(据下栏注,知道本年七月才改年号为至德)六月十三日逃走的。从汉平帝元始元年(公元元年)起,表上又注明西历,这之后,我们又可以据

附录一 工具书举要

此表查知某日是西历哪一天。例如唐明皇逃走的那一年,六月一格,"癸未"的左方注明"$\frac{7}{2}$",这是表示"六月初一"这一天是西历"七月二日","六月十三"自然是"七月十四"。从唐高祖武德五年(622)起又注明回历,读古籍,遇见用回历记时,可以据此表查知与中西历的对应情况。

29.《两千年中西历对照表》——薛仲三、欧阳颐合编,生活·读书·新知三联书店出版。用途与《二十史朔闰表》相同,1955年编成。与《二十史朔闰表》相比,内容有三点差异:一、阴阳历年月日的对应情况,表上的表现方式不同;二、起于公元元年(汉平帝元始元年),止于公元2000年;三、不附回历。附录有《各朝代朔闰表》《历代年号笔画索引》《六十花甲序数表》等十八个表。如果想知道阴历某年某月某日的干支,以及是公元某年某月某日(或相反),这一天是星期几,只要在这2000年之内,查此书很方便。至于查的方法,书前《引言》里举四种情况为例,讲得很清楚,使用时要先看《引言》。

30.《历代名人生卒年表》——梁廷灿编,商务印书馆出版。考证史实,有关人物在世的确定年代很重要。本书根据钱大昕《疑年录》等材料,搜集历史人物近五千,用表格形式注明其生卒年(少数不确知),1927年编成。由孔丘、秦商起,按生年先后排列,至朱学曾、罗福苌止。表由上到下分为八格,分别写姓名、字号、籍贯、生年(中西历)、卒年(中西历)、岁数。帝王、闺秀、高僧另列表。书前有按四角号码和笔画编排(同姓的仍按时代先后排)的两种索引,查寻很方便。

31.《历代名人年里碑传总表》——姜亮夫编,商务印书馆出版。性质与《历代名人生卒年表》相同,表格形式也大致相同,1937年编成。收人较多,超过一万二千,表内所注较详,生卒年并注明在民国纪元前若干年,最后备考栏注明材料来源。闺秀不另列表,也不注明系女性。帝王、高僧也不另列表。书后有按笔画多少编排的《名人姓氏笔画索引》，"姓"后注四角号码和页码，可据此再到按四角号码编排的《历代名人年里碑传总表索引》里去找某人。只是这部书编纂比较粗糙，错漏在所难免，使用时要多考核。

32.《中国历史人物生卒年表》——吴海林、李延沛编，黑龙江人民出版社出版。性质与上二书相同，1979年编成。收入六千多人。因为编纂较晚，兼收昔日不为士大夫所重的一些人，如李自成和曹雪芹；所收近年人比上二书多些，如最后收到余叔岩和溥仪。

（五）类书

类书是我国一种性质比较特别的典籍，绝大多数像是百科知识（古籍上的）的辑要本。起初是为了帝王的方便编的，如最早的一部名《皇览》，是供魏文帝曹丕读的，以后还有《修文御览》《太平御览》，也是这种性质。因为古籍多而杂，从其中择要归类（或以内容性质为线索，或以字的形、音为线索），对于时间少而想了解全面的人确是有很多方便。因为方便，编纂渐多，性质渐变，有很多成为搜寻文料、查寻典故的库藏，也就是辞书。例如某人想作一篇赋或一首诗，是关于七夕的，而腹内空空，就可以求救于类书，翻到"岁时"部"七夕"那里，挑选合用的辞藻（大多出于古典），放到自己的笔下。又如读书碰到什么语句，不知有何来历，也可以就其性质到类书里去查。用处这样大，所以历代官修私纂，产量很大；读书人视力之所及，多少要购置一些放在案头。我们现在只是学习文言，当然不再从其中搜寻文料，但是作为旧时代的辞书，适当地利用一下还是必要的。类书很多，这里只介绍大家常用的清代官修的几种。

33.《渊鉴类函》——张英等奉康熙皇帝命令编。这是根据旧有许多

附录一 工具书举要

种类书《唐类函》《艺文类聚》《北堂书钞》等编的，四百五十卷，总目四卷，康熙四十九年（1710）编成。内容分"天""岁时""地"到"兽""鳞介""虫豸"共四十五部。部之下再分小类，如"天部"之下分"天""日""月""星""天汉""云""风""雨"等小类。每类之下先述说"释名""总论""沿革""缘起"等，然后举"典故""对偶""摘句""诗文"，都详注出处。因为是集以前类书之大要，所以内容丰富。我们读文言典籍，有些语句，《辞源》《辞海》上查不到，可以翻这部书试试。

34.《**骈字类编**》——张廷玉等奉康熙皇帝命令编。这部书比《渊鉴类函》性质单纯，只收二字合成的词语，二百四十卷，到雍正四年（1726）才编成。内容分"天地""时令""山水"等十二门，加补遗"人事"，共十三门。每门下以单字为纲（共收 1604 个），收由此字起头的双音词语（按字义分先后），以下引书以经史子集为序，出处皆注明书篇名。例如卷一开头《天地门》第一个字是"天"，以下收双音词"天地""天日""天月""天风"等；"天地"条下先引《易经·乾卦》"夫大人者与天地合其德"，以下引书数十种。查古籍中某双音词语的使用情况，可以利用这部书。

35.《**古今图书集成**》——陈梦雷等奉康熙皇帝命令编，蒋廷锡等奉雍正皇帝命令重编。这是我国最大的一部类书，一万卷，总目四十卷，雍正四年（1726）才最后完成。内容繁富，等于古籍的分类总汇。内容先总分为"历象""方舆""明伦""博物""理学""经济"六汇编；每一汇编下分为若干典，如《历象汇编》分为"乾象""岁功""历法""庶征"四典，共 32 典；每一典又分为若干部，更细，如《历象汇编·乾象典》分为"天地""天""阴阳"等 21 部，《博物汇编·草木典》分为"草木""草""木"等 700 部，共 9190 部。每部下又分为"汇考""总论""艺文""选句""纪事""杂录"几部分，详列古籍中有关材料。读文言典籍，想知道某事物的文献情况，

179

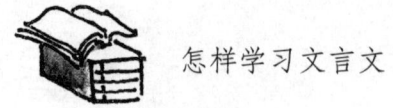

怎样学习文言文

可以查阅这部书。

36.《佩文韵府》——张玉书等奉康熙皇帝命令编。

《韵府拾遗》——张廷玉等奉康熙皇帝命令编。

这是我国按韵编排集辞藻性的词语并注明出处的最大的一部类书。《佩文韵府》由康熙四十三年（1704）开始编，五十年（1711）编成。刊印以后，觉得还有缺漏，从康熙五十五年（1716）起编《韵府拾遗》，五十九年（1720）编成。都是依韵分卷，平水韵106韵，全书分106卷（《佩文韵府》有的韵字多，分上下卷）。每一韵的字，大致按常用、少用排先后，如"一东"韵第一个字是"东"，最后一个字是"㓇"。单字之下先注反切和意义，然后排列由这个字收尾的词语（按出处的时代先后排列），字数少的在前，如"东"下先是"南东""自东""在东"等，然后"涧瀍东""首阳东"等，又"宿西食东"等。两书内容略有分别。《佩文韵府》一单字之下有〔韵藻〕（收上举的词语）、〔对语〕（如"渭北"对"江东"，"北山北"对"东谷东"等）、〔摘句〕（收"东"字收尾的五七言诗句，如"力障百川东""翠华拂天来向东"等）三项；只〔韵藻〕部分的词语下注出处。《韵府拾遗》一单字之下只〔补藻〕（补充〔韵藻〕条目）、〔补注〕两项。这两部书共收单字一万上下，词语一百几十万，因而一般辞书查不到的，利用这部书常常可以查到。缺点是注出处嫌简略，如注书名而不注篇名（如《汉书》），注人名而不注篇题（如"王维诗"），找起来还要费力。这两部书内容太多，查寻时要利用商务印书馆编的按四角号码排列的《佩文韵府索引》（商务版《佩文韵府》的最后一册，即第七册，1937年出版）。例如我们忽然想起一句诗，"家家扶得醉人归"，忘记是谁作的，就可以先看索引（假定不会四角号码），书最后《笔画索引》31页十五画由上向下第四栏"酉"部有"醉"字（索引按词语首一字排），下注"一〇六四，八""六九·

附录一　工具书举要

五",这是说"醉"字的四角号码是"一〇六四,八",在69页由上向下第五栏,然后翻看前面,找到一〇六四,八,并看69页第五栏,果然有"醉"字条。其下由它起头的词语很多,可以查第二字"人"号码的前两个字,查得是"八〇",于是翻到70页第一栏,"八〇"之下有"醉人归",下注"四二九九,一",这是表示此语在4299页第一栏。然后拿第六册,翻到该页,看第一栏,有"醉人归",下注:王驾诗:桑柘影斜春社散,家家扶得醉人归。(如果想知道全诗而对王驾也生疏,可以先查《中国人名大辞典》,知道他是唐朝人,然后查《全唐诗》王驾诗那部分。)

(六)目录

目录是典籍的档案,博览的导师。我们只是学习文言,当然用不着追求过多、过深。下面只举几种常常需要参考的。

37.《中国古典文学名著题解》——中国青年出版社编辑出版。这是一部介绍我国重要文学家和重要文学作品(包括选辑的)的书,1980年编成。上起先秦,下至近代,共介绍作品二百五十多部,也收戏曲和小说(不完全是文言)。编排以时代先后为序,一个时代里再按文体分类,如汉魏六朝分为"诗·赋""文""小说"。介绍先作家后作品,分析比较细。作品末尾并举可用的版本,很便于初学。

38.《书目答问补正》——范希曾编,有中华书局影印本。《书目答问》是张之洞于同治末年任四川学政时编的,光绪二年(1876)刊印。原是为指导生童如何选读古籍而作。收书两千多种,大致按经史子集四部分类,每部之下又分小类,不完全依《四库全书》。四部后并收"丛书"和初学各种读本。每部内之书大致按时间先后排列。书名之下注明作者及可用版本。因为多缺漏,所以范希曾为它作了补正,除改正错误以外,又补充了

181

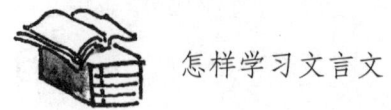

怎样学习文言文

不少新材料，到1929年编成。这部书所举古籍，在旧时代可说是简约而得当，所以对今天学习文言还有不小的参考价值。

39.《四库全书总目提要》——永瑢等奉乾隆皇帝命令编。乾隆三十七年（1772）开始纂辑《四库全书》，用了十年功夫，收书万种以上，内正式入库的三千多种，入存目的六千多种。每种前都写了提要，述说该书的版本、作者、内容、流传等情况以及长短得失，按经史子集四部（每部再分若干小类）编排，成书二百卷，到乾隆四十六年（1781）编成，名《四库全书总目提要》。提要定稿出于纪昀之手，考证评介多精到之处。读古籍，想较深入地了解某一部书的情况，可以把这部书当作书名辞典使用。商务印书馆印本最后附有按四角号码编排的《四库全书总目提要书名及著者索引》，查寻时可以利用。

40.《中国丛书综录》——上海图书馆编，中华书局出版。读文言典籍，需要了解丛书的情况，因为：一、丛书把各种性质的书集在一起，能与读者以方便；二、有的书现在只见于丛书，其他处所不能找到。了解丛书，需要知道：一、有哪些重要的丛书，每种丛书中收哪些书；二、某一书是否收入丛书以及收入哪些丛书；三、某一作者有哪些书收入哪些丛书。丛书几千种，所收之书若干万，了解以上三项实在不易，因而需要有一部查丛书情况的大辞典。这部《中国丛书综录》就是一部解决这个困难的辞典，1959年编成。全书分三册。第一册是《总目分类目录》，总括全国四十一个著名图书馆的丛书2797种，分为"汇编"（包括"杂纂""辑佚"等五小类）"类编"（包括经史子集四小类）两类。各小类下举属于这种性质的丛书及其包括的子目。想知道有何丛书（借助书后的丛书书名索引），各丛书收书情况，可以查这一册。第二册是《子目分类目录》，书名按经史子集次序排列。这一册有两种用途：一、可以查知某种性质的书（如工艺讲陶瓷的,游艺讲谜语的,等等）都有哪些；二、可以查知某一种书入不入丛书,入哪种丛书,是何人所著（借助第三册《子目书名索引》）。第三册是索引,包括《子目书名索引》和《子目著者索引》（查某一作者有哪些著作入哪种丛书）,都按四角号码次序编排。根据索引按图索骥,无论想查什么都很方便（如果还有疑问,可看各册前的《编例》）。

（七）政书

政书是讲典章制度的书,读文言典籍,想全面而深入地了解历史名物的底细,常常要参考它。常用的政书有"通典"三种,"通志"三种,"通考"四种,简称"十通"。

41.《通典》二百卷——唐杜佑编。

42.《通志》二百卷——宋郑樵编。

43.《文献通考》三百四十八卷——元马端临编。

44.《续通典》一百五十卷——嵇璜等奉乾隆皇帝命令编。

45.《续通志》六百四十卷——同上。

46.《续文献通考》二百五十卷——同上。

47.《清朝通典》（原名《钦定皇朝通典》）一百卷——同上。

48.《清朝通志》（原名《钦定皇朝通志》）一百二十六卷——同上。

49.《清朝文献通考》（原名《钦定皇朝文献通考》）三百卷——同上。

50.《清朝续文献通考》（原名《皇朝续文献通考》）四百卷——清末刘锦藻编。"十通"量太大,内容过繁,不容易介绍,也不必详细介绍,因为我们用它作查历史名物的辞书,要知道的只是如何去查。最好用商务印书馆三十年代排印本,精装二十册,后附《十通索引》一册。索引开头有《说明》,先列表介绍"十通"的内容及编纂情况,简明扼要。然后介绍两种索

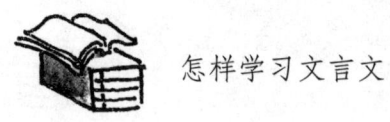

怎样学习文言文

引——《十通四角号码索引》和《十通分类索引》的用途、编排体例和使用方法（并举例说明）。熟悉索引的用法，想了解某一名物的情况而不满足于一般辞书的简略介绍，可以参考这部大书。

附录二 古书如何读法

胡怀琛

我们在这一章里提出的问题,就是古书如何读法?这个问题是很不容易回答。

倘使我告诉人家说:"古人诗云:'旧书不厌百回读。'你们读古书,只管熟读就是了,没有所谓读法。"这句话对么?我想一定是不对的。

倘使我告诉人家说:"从前诸葛亮读书,只略观大意。你们读古书,只要看一点大意罢了,正可不必'之乎者也'的去读。"这句话对么?恐怕不大对罢。

倘使我告诉人家说:"从前陶渊明读书,是不求甚解。你们读古书,只要学他不求甚解,何必咬文嚼字地去读。"这句话对么?恐怕不大对罢。

倘使我告诉人家说:"古人有言:'一物不知,儒者之耻。'你们读古书,不可把书中的字轻易放过,必须把一事一物晓得明白。"然而又有人说:"我虽

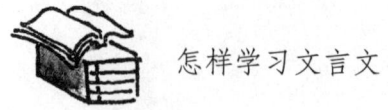 怎样学习文言文

不识一个字,也可堂堂地做个人。"这两人的话到底谁是,谁不是?

倘使我告诉人家说:"孔子云:'述而不作,信而好古。'你们读古书要信书中的话。"然而孟子又说:"尽信书,不如无书。"是孔子信古而孟子又疑古,他们的话到底谁是,谁不是?

然则"古书如何读法"这句话真不容易答复了。虽然不容易答复,而却又不能不答复。现在我的答复如下:

各书各读法,各人各读法。

我们知道各书各读法,各人各读法,然后再去读古书:有时候不厌百回读,有时候一看就丢了,有时候略观大意,有时候又细细地读,有时候不求甚解,有时候又必要解释得明明白白,有时候要免掉一物不知之诮,有时候亦可以不识字,有时候要信古,有时候要疑古。总之,是没有固定的方法,是随书而异,随人而异。

何谓各书各读法?我们拿了一本书到手,先要知道这本书是什么性质。倘然不管是什么书,只拿一样的读法去读,那是没有不错读的。可举几个例证明如下:

《楚辞》中的《天问》,原是屈原呼天自诉,以发抒其愤懑的话;王逸注所谓"呵而问之,以渫愤懑,舒泻愁思",是说得很明白的。却是戴震的《屈原赋注》,于《天问》一篇,处处用天文学来注解,满纸是"赤道"、"冬至"、"夏至"、"北极"、"南极"、多少度多少度一类的话。《天问》本是文学作品,戴震把他当天文书看,这真是戴了"汉学家"眼镜去读一切的书,是大错而特错了。

《离骚》中的"夕餐秋菊之落英"一句,本是诗人随意说的一句话,他并不曾真的去吃菊花。他自己还不曾知道菊花是落不落。却是有人说:"菊是不落的,是在枝上枯死的。《离骚》的'落英'二字是不通的。"于是又

附录二 古书如何读法

有人说"'落'字作'始'字解",引《尔雅》为证,说"落英"就是初开的花。其实,争论菊花落不落,是研究植物学的话,把"落"字作"始"字解,是汉儒解经的话;都不是读文学作品所应该如此的。读文学作品的人,只要领略到餐菊的佳趣,不管菊花落也好,不落也好,落英是初开的花也好,是残菊也好。一定要把菊花认清楚,于文学的本身绝不发生关系。

唐人聂夷中的《田家诗》云:"二月卖新丝,五月粜新谷。医得眼前疮,剜却心头肉。"这本是一首很好的诗,但是宋人《学斋占毕》驳他:二月里绝没有新丝可卖。引经据典,说了许多关于历法的话,以证明"二"字是"四"字的错误。其实,言之过甚,在文学作品中是常有的事。况且所谓"二月卖新丝,五月粜新谷",也可说指预约而言。正是描写田家剜肉补疮的痛苦。若一定要证明是事实,那也是把文学作品误认为《农政全书》了。

苏东坡的《赤壁赋》,是人人所知道的。他中间说到曹操和周瑜大战的事。其实,火烧赤壁,又是一个赤壁,在今湖北嘉鱼县;苏东坡所游的赤壁,又是一个赤壁,在今湖北黄冈市。两地各不相涉。但在文学里不妨是如此说的。倘信了苏东坡的话,把两地认为一地,在事实上是错误的;不信苏东坡的话,而责苏东坡错了,也是不懂文学的话。须知《赤壁赋》是文学作品,不是"地理志"。

唐人的"姑苏城外寒山寺,夜半钟声到客船",本是好诗,却有人说:"夜半不是打钟的时候。"苏东坡"竹外桃花三两枝,春江水暖鸭先知",本是好诗,却有人说:"春江水暖,难道只有鸭先知,鹅岂不知耶?"这些都是一样的成了笑话。又唐人的诗,"绿树连村暗,黄花入麦稀",他这"黄花"二字,是指普通的野花,或指菜花,但是段玉裁误认为"黄花"是指麦花,引经据典的证明他的话不错,却不曾知道既是麦花,又何以云入麦稀。杜诗"圆荷浮小叶,细麦落轻花",段玉裁说是倒装句法,应该作"麦落轻

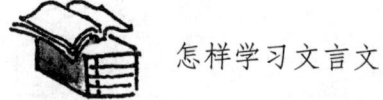 怎样学习文言文

花细,荷浮小叶圆",才顺。他的意思是说荷无所谓圆不圆,必说荷叶才可云圆,故"荷圆"二字不通,应作"荷浮小叶圆"。其实在文学上说,一个"荷"字,就是指荷叶。因荷叶很大,可以代表全体,故"荷"即等于荷叶,"荷圆"并非不通。段玉裁的文字学不可说不好,校书的工夫不可说不精。但是不管什么书,都是一样的去读。却不料文学作品是不应该这样读的。段玉裁尚且如此,何况他人!

以上都是文学作品而被他人拿读"非文学书"的读法去读,因而读错了的。再有本非文学书,而被人拿读文学书的读法去读,因此真的错误反而看不出。例如《史记·儒林传》有一段云:"自孔子卒后,七十子之徒散游诸侯,大者为师傅、卿相,小者友教士大夫,或隐居而不见,故子路居卫,子张居陈,澹台子羽居楚,子夏居西河,子贡终于齐。"这一段话文字固然是很整齐,但是在事实说,子路实在是死在孔子之前。今云:"孔子卒后,……子路居卫"云云,只顾行文利便,毫不管事实不符。原来《史记》本是一部历史,历史的价值是在事实真确,而不在文章做得好。今《史记》如此说,已失去了史的价值。不过读的人多数还是拿读文学书的读法去读,所以真的错处看不出。

又《史记·老庄申韩传》,叙韩非云:"作《孤愤》《五蠹》《内外储》《说林》《说难》十馀万言,……人或传其书至秦,秦皇见《孤愤》《五蠹》之书。"而于《自序》又云:"韩非囚秦,《说难》《孤愤》。"到底是先著《说难》《孤愤》而后被囚于秦呢?还是先被囚于秦而后著《说难》《孤愤》呢?这种自相矛盾的话,两处必有一处是错的。大约司马迁在《自序》上贪图将韩非囚秦,和左丘失明、屈原放逐等并列,忘记了有自相矛盾的毛病。而一般的读者也是拿读文学书的读法去读,就把这个绝大的漏洞轻轻地忽略过了。

又如钟嵘《诗品》云:"降及建安,曹公父子,笃好斯文;平原兄弟,

188

附录二 古书如何读法

郁为文栋；刘桢、王粲，为其羽翼。次有攀龙托凤，自致于属车者，盖将百计。彬彬之盛，大备于时矣。尔后陵迟衰微，迄于有晋。太康中，三张二陆，两潘一左，勃而复兴，踵武前王，风流未沫，亦文章之中兴也。"这一段话也有一个绝大的毛病，就是中间"平原兄弟"一句。平原兄弟，到底是指何人？一般的人都说是指陆机、陆云（陆机为平原相）。然也有人说，指曹植、曹丕（曹植封平原侯）。究竟是指何人？很有疑问。如以为是指陆氏兄弟，则有两点说不通。其一，是上文直接"曹公父子"，下文又云"刘桢、王粲"，陆氏兄弟不应夹在中间。其二，"迄于有晋"以下，又有"二陆"云云，岂非重复？如说是指曹植、曹丕，比较的好；但是上文云："曹公父子"，是这一句已包括植、丕在内，下文"平原兄弟"也是赘文。总之，钟嵘的意思是指曹植、曹丕，他因为要做对偶的文章，不觉患了重复的毛病。至于平原二字，界限不清，可以误会到陆氏兄弟，更非钟嵘所能料及。《诗品》是文学批评性质的书，和文学作品绝对不同；却是作者误作，读者误读，这样绝大的毛病，绝少人注意。根本的缺点，是不知各书各读法的缘故。倘然我们知道各书各读法，那么，根本不会有这样的误读之处了。

前面已经说过了，各书各读法；这里再说各人各读法。所谓各人各读法，就是对于同一部书而各人的读法不同。譬如《诗经》罢，《诗经》只是《诗经》，他的本身是不改变的，但是读《诗经》的人不只一种，那么读法也不能一样。《诗经》的本身虽然是诗歌，但是研究社会学的人也要读，研究政治学的人也要读，研究文字学的人也要读，研究植物学的人也要拿他供参考。如《周南》中的《汉广》第一章云：

　　南有乔木，不可休息。汉有游女，不可求思。汉之广矣，不可泳思。江之永矣，不可方思。

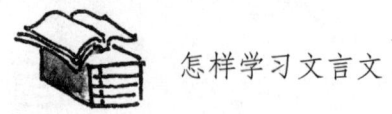
怎样学习文言文

在研究文学的人读起来,是赏鉴他情感的温柔及艺术的优美,旁的事情都不管了。

在研究文法的人读起来,就要注意于"不可求思"的"思"字是一个助词。

在研究语言学的人读起来,就当注意于"不可方思"的"方"字。"方"是舟属,在《庄子》中称为"方舟",云"方舟而济于河"。到后世就并两字而为一字,作"舫"。我们可以知道"方"、"方舟"、"舫"就是一物。而"方"字见于《周南》,"方舟"见于《庄子》,可知他是南方的语言。

在研究社会学的人读起来,就当注意于这篇诗是男女恋爱的诗,而和古代的婚姻问题有很大的关系。

在研究政治学的人看起来,就当从这篇诗去考察周初的礼教,和南方风俗的关系是怎样。

这不过是一个大概的情形,此外如研究植物学的人,对于"乔木"的"乔"字,也有可以供参考的地方。研究地理学的人,对于"汉"字"江"字,都有可以供参考的时候。这样说,这首诗所包涵的方面就很多了。但是各人都要读,而各人是各人的读法。

这一篇诗是如此,三百篇诗都是如此;一部《诗经》是如此,一切的书都是如此。

研究一种专门学的人,往往有许多的好材料是在毫不相干的书里寻出来。尤其是中国的旧学,我们要找材料,不能指定往某个地方去找,有时却于无意中于毫无关系的书中找到。

例如研究中国经济制度史的人,他要研究当铺的起源和组织,决不会往李太白的诗里去找材料。但是李太白的诗集里确有这种材料。李太白的诗云:"五花马,千金裘,呼儿将出换美酒,与尔同销万古愁。"这四句诗,

附录二 古书如何读法

我们平常读了,只当他是要喝酒,没有钱买,就把袍子脱下来去换酒喝,或是把袍子卖了,然后去买酒。却不知实在的情形不是如此。另外在唐人小说里有一段话,大概说:那时候的风气,酒店遇了客人喝了酒没有钱的,可以用衣服抵押;但有了钱时,仍旧可以赎回去。这种抵押也称为"换"。可见李太白诗中所说的"换",也就是"当袍子"。我们把李太白的诗和唐人的小说合看起来,可知唐代的酒店也带做当铺生意的,至少和当铺是有关系的。假使在那时候完备的当铺还是没有(有没有当另考),这一类的酒店就可说是当铺的起源了。

又李太白的诗云:"鸬鹚杓,鹦鹉杯。百年三万六千日,一日须倾三百杯。"按,"鸬鹚杓,鹦鹉杯",旧注是说"刻杓为鸬鹚形,镂杯为鹦鹉形"。这是所谓"望文生义"的话。说这话的人未必是看见过鸬鹚杓和鹦鹉杯。我们在今日也看不见鸬鹚杓或鹦鹉杯。却不知这种鸬鹚杓鹦鹉杯在日本还是有的(有实物为证)。日本在欧化以前,一切的文化都是隋唐时由中国传过去的,这种鸬鹚杓鹦鹉杯,大概还是唐人的旧制(不过今日日本已不一定拿来做酒器,有的是做墨水壶)。

照此看来,李太白这一诗所关系的方面也很多。研究中国工艺的人不得不和他发生关系,研究中、日文化问题的人不得不和他发生关系。从李太白的诗说到日本的文化,已经是说得太远了;但是事实还不止如此简单。所谓鸬鹚杓,鹦鹉杯,是把酒杯做成鸟形;因此,我们又连带要说到西突厥的"鸡樽"了。据日本人的《世界美术全集》第八卷四十五面所载的西突厥的"鸡樽",是把酒樽造成鸡形,完全和鸡一样,酒从鸡口中流出,因此知鸬鹚杓鹦鹉杯是"鸡樽"的变形,而后世的有嘴壶也是"鸡樽"的变化。(古代的壶是无嘴的,辨详下文)这种樽乃是西突厥制。是又从中国的文化说到突厥的文化去了。越说越远了,但是绝不是没有关系的瞎说。

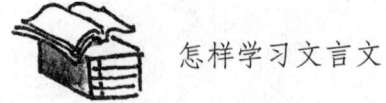 怎样学习文言文

　　何以说中国古代的壶是没嘴呢？有三个的确的证据，谁也不能否认。（1）壶字是象形，士字是壶盖，以下是壶身。请问嘴在哪里？（2）《诗经》"七月断壶"，此壶字是指葫芦，可知古代的壶就是葫芦。（3）今日本人的酒壶还是没有嘴，中国人多误认作花瓶，其实还是中国古壶的遗制。

　　我们因此又说到文字学上去了。"七月断壶"的"壶"字，今人多误认为假借；其实不是假借，古代本以葫芦制成壶，所以壶就是葫，葫就是壶，壶字并非假借。

　　至于中国有嘴的壶是西突厥"鸡樽"的变形，分明可考。今壶嘴就是鸡口的变相，今壶柄就是鸡尾的变相。这是很可信的。

　　鸬鹚杓不过是一个例，照此类推，许多的事都是如此。譬如我们读了《史记》的《陈涉世家》，"又间令吴广之次（原衍一"之"字）所旁丛祠中，夜篝火，狐鸣呼曰：'大楚兴，陈胜王。'"这一段话，倘使我们是研究中国小说的人，大可以供给我们研究狐狸精故事的资料。

　　我们读了苏舜钦的《沧浪亭记》："访诸旧老云：'钱氏有国，近戚孙承祐之池馆也。坳隆胜势，遗意尚存。予爱而裴徊，遂以钱四万得之。'"这一段话，我们倘使是研究社会问题的人，就可以知道在宋初苏州地方的地价是如此。所谓四万，是四十千，照现在国币计算，不到二十元；我们再看今日苏州沧浪亭全部的地，要值多少钱；两相比较，而推得地价增高之故。那么，苏舜钦的一段文章，不能说不是很好的材料。其实，它的本身还是文学。

　　上面说了许多举例，现在我们再归结到本题上来。就是各书各读法。各书的性质不同，但是无论何人都有细读或参考的必要，只须照着我们自己的需要去读，而不可为固定的读法所束缚就是了。

附录三 《论语》《孟子》读法

梁启超

总　说

　　《论语》、《孟子》两书，近人多呼为"经书"，古代不然。汉儒对于古书之分类，以《诗》《书》《礼》《乐》《易》《春秋》为"六艺"，亦谓之"六经"，实为古书中之最见宝贵者。次则名为"记"或"传"，乃解释或补助诸经者，《论语》即属此类。又次则为诸子，乃于六经之外别成一家言者，《孟子》即属此类。故《论》《孟》两书，在汉时不过二三等书籍。然汉文帝时已将此二书置博士（"置博士"者，在大学中专设一科以专门之博士任教授也），是曾经特别崇重，然不久亦罢（罢博士者，废此专科也）。六朝、隋、唐以来，《论语》研究尚盛，《孟子》则亦侪于诸子之列耳。自宋儒从《礼记》中抽出《大学》《中

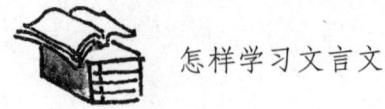

怎样学习文言文

庸》两篇，合诸《论》《孟》，称为"四书"，明清两代，以八股取士，试题悉出"四书"，于是"四书"之诵习，其盛乃驾"六经"而上之。六七百年来，数岁孩童入三家村塾者，莫不以"四书"为主要读本，其书遂形成一般常识之基础，且为国民心理之总关键。

《论语》编辑者及其年代

《汉书·艺文志》云："《论语》者，孔子应答弟子时人及弟子相与言而接闻于夫子之语也。当时弟子各有所记，夫子既卒，门人相与辑而论纂，故谓之《论语》。"据此，则谓《论语》直接成于孔子弟子之手。虽然，书中所记如鲁哀公、季康子、子服、景伯诸人，皆举其谥，诸人之死皆在孔子卒后。书中又记曾子临终之言，曾子在孔门齿最幼，其卒年更当远后于孔子。然则此书最少应有一部分为孔子卒后数十年七十子之门人所记无疑。书中于有子、曾子皆称"子"。全书第一章记孔子语，第二章即记有子语，第三章记孔子语，第四章即记曾子语，窃疑纂辑成书当出有子、曾子门人之手，而所记孔子言行，半承有、曾二子之笔记或口述也。

《论语》之真伪

先秦书赝品极多，学者最宜慎择。《论语》为孔门相传宝典，大致可信。虽然，其中未尝无一部分经后人附益窜乱；大抵各篇之末，时有一二章非原本者。盖古用简书，传钞收藏皆不易，故篇末空白处，往往以书外之文缀记填入，在本人不过为省事备忘起见，非必有意作伪。到后来辗转传钞，则以之误混正文。周秦古书中似此者不少，《论语》中亦有其例。如《雍

附录三 《论语》《孟子》读法

也篇》末"子见南子"章,《乡党篇》末"色斯举矣"章,《季氏篇》末"齐景公"章,《微子篇》末"周公谓鲁公"、"周有八士"章,皆或与孔门无关,或文义不类,疑皆非原文。

然此犹其小者。据崔东壁(述)所考证,则全书二十篇中末五篇——《季氏》《阳货》《微子》《子张》《尧曰》——皆有可疑之点。因汉初所传有"鲁论""齐论""古论"之分,篇数及末数篇之篇名各有不同,文句亦间互异,王莽时佞臣张禹者合三本而一之,遂为今本。(见《汉书·艺文志》《张禹传》及何晏《论语集解序》。)此末五篇中,最少应有一部分为战国末年人所窜乱。其证据:一、《论语》通例,称孔子皆曰"子",惟记其与君大夫问答乃称"孔子"。此五篇中,屡有称"孔子"或"仲尼"者。二、《论语》所记门弟子与孔子对面回答,亦皆呼之为"子"。对面呼"夫子",乃战国时人语,春秋时无之,此五篇中屡称"夫子"。三、《季氏篇》"季氏将伐颛臾,冉有、季路见于孔子"云云,考冉有、季路并无同时仕于季氏之事。四、《阳货篇》记"公山弗扰以费畔,召子欲往"云云,又记"佛肸以中牟畔,召子欲往"云云,考弗扰叛时,孔子正为鲁司寇,率师堕费,弗扰正因反抗孔子政策而作乱,其乱亦由孔子手平定之,安有以一造反之县令而敢召执政?其执政方督师讨贼,乃欲应以召,且云"其为东周",宁有此理!佛肸以中牟叛赵为赵襄子时事,见《韩诗外传》。赵襄子之立,在孔子卒后五年,孔子何从与肸有交涉?凡此诸义,皆崔氏所疏证,大致极为精审。(参观《崔东壁遗书》内《洙泗考信录》,《畿辅丛书》中亦有此书。)

由此言之,《论语》虽八九可信,然其中仍有一二出自后人依托,学者宜分别观之也。

怎样学习文言文

《论语》之内容及其价值

《论语》一书,除前所举可疑之十数章外,其余则字字精金美玉,实人类千古不磨之宝典。盖孔子人格之伟大,宜为含识之侪所公认,而《论语》则表现孔子人格唯一之良书也。其书编次体例,并无规定;篇章先后,似无甚意义;内容分类,亦难得正确标准。略举纲要,可分为以下各类。

一、关于个人人格修养之教训。

二、关于社会伦理之教训。

三、政治谈。

四、哲理谈。

五、对于门弟子及时人因人施教(注重个性的)的问答。

六、对于门弟子及古人时人之批评。

七、自述语。

八、孔子日常行事及门人诵美孔子之语(映入门弟子眼中之孔子人格)。

上所列第一二项,约占全书三分之二,其余六项约合占三分之一。第一项人格修养之教训,殆全部有历久不磨的价值。第四项之哲理谈,虽著语不多(因孔子之教,专贵实践,罕言性与天道),而皆渊渊入微。第二项之社会伦理,第三项之政治谈,其中一部分对当时阶级组织之社会立言,或不尽适于今日之用,然其根本精神,固自有俟诸百世而不惑者。第五项因人施教之言,则在学者各自审其个性之所近所偏而借以自鉴。第六项对人的批评,读之可以见孔子理想人格之一斑。第七项孔子自述语及第八项别人对于孔子之观察批评,读之可以从各方面看出孔子之全人格。《论语》全书之价值大略如此。要而言之,孔子这个人有若干价值,则《论语》这

附录三 《论语》《孟子》读法

部书亦连带的有若干价值也。

读《论语》法

吾侪对于如此有价值之书,当用何法以善读之耶?我个人所认为较简易且善良之方法如下:

第一,先注意将后人窜乱之部分剔出,以别种眼光视之,免使朦混真相。

第二,略依前条所分类,将全书纂钞一过,为部分的研究。

第三,或作别种分类,以教义要点——如论"仁"、论"学"、论"君子"等为标准,逐条钞出,比较研究。

第四,读此书时,即立意自作一篇孔子传或孔子学案,一面读便一面思量组织法且整理资料,到读毕时自然能极彻底极正确的了解孔子。

第五,读此书时,先要略知孔子之时代背景。《左传》、《国语》,实主要之参考书。

第六,此书文义并不艰深,专读白文自行绅绎其义最妙。遇有不解时,乃翻阅次条所举各注。

上所学者,为书本上智识方面之研究法。其实我辈读《论语》之主要目的,还不在此。《论语》之最大价值,在教人以人格的修养。修养人格,决非徒恃记诵或考证,最要是身体力行,使古人所教变成我所自得。既已如此,则不必贪多务广,果能切实受持一两语,便可以终身受用。至某一两语最合我受用,则全在各人之自行领会,非别人所能参预。别人参预,则已非自得矣。要之,学者苟能将《论语》反覆熟读若干次,则必能罨然有见于孔子之全人格,以作自己祈向之准鹄;而其间亦必有若干语句,恰

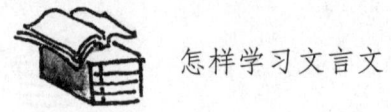
怎样学习文言文

与自己个性相针对，读之别有会心，可以作终身受持之用也。《论语》文并不繁，熟读并不费力，吾深望青年勿蔑弃此家宝也。

《论语》注释书及关系书

《论语》注释，有汉郑康成《注》，已佚，近人有辑本；有魏何晏《集解》，宋刑昺《注疏》，现行《十三经注疏》所载者即是。但其中要语，多为后人新疏所以采，不读亦得。为便于学者计，列举以下之注释书及关系书各种：

一、宋朱熹《论语集注》、《论语或问》。

《集注》简而明，最便读者，但其中有稍涉理障处。《或问》时于《集注》外有所发明。

二、清戴望《论语注》。

此书亦简明，训诂视朱注为精审，但多以公羊家言为解，穿凿附会，间亦不免。

三、清刘宝楠《论语正义》。

最精博，但太繁，非专家研究者不必读。

四、清颜元《四书正误·论语之部》。

此专正朱注之误也，可见习斋一家学说。

五、清焦循《论语通释》。

此书将《论语》教义要点分类研究，其方法最可学。

六、清阮元《揅经室集》中《论语论仁解》。

此书一短篇文，专取《论语》言"仁"之一部钞下，通贯研究，其方法可学。

七、清崔述《洙泗考信录》附《余录》。

附录三 《论语》《孟子》读法

此书为最谨严之孔子传，其资料什九取自《论语》。辨《论语》窜乱之部分，当略以此书所疑者为标准。

以上说《论语》竟。

《孟子》之编纂者及篇数

《史记·孟子荀卿列传》云："孟子乃述唐虞三代之德，是以所如者不合，退而与万章之徒序《诗》、《书》，述仲尼之意，作《孟子》七篇。"赵岐《孟子题辞》云："退而论集，所与高第弟子公孙丑、万章之徒，难疑问答，又自撰其法度之言，著书七篇二百六十一章三万四千六百八十五字。"据此则汉儒传说，皆谓此书为孟子自撰，然书中称时君皆举其谥，如梁惠王、襄王、齐宣王、鲁平公、邹穆公皆然，乃至滕文公之年少亦皆如是，其人未必皆先孟子而卒，何以皆称其谥？又书中于孟子门人多以"子"称之，乐正子、公都子、屋庐子、徐子、陈子皆然，不称子者无几，果孟子所自著，恐未必自称其门人皆曰子。细玩此书，盖孟子门人万章、公孙丑等所追述，故所记二子问答之言最多，而二子在书中亦不以子称也。其成书年代虽不可确指，然最早总在周赧王十九年（西纪前二九六）梁襄王卒之后，上距孔子卒一百八十余年，下距秦始皇并六国七十余年也。

今本《孟子》七篇，而《汉书·艺文志·儒家》云："孟子十一篇。"应劭《风俗通·穷通篇》亦云然。赵岐题辞云："又有外书四篇——《性善》《辩文》《说孝经》《为政》，其文不能宏深，不与内篇相似，似非孟子本真，后人依放而托也。"据此，知汉时所流传者，尚有外书四篇，与今七篇混为一本。赵邠卿（岐）鉴定为赝品，故所作《孟子章句》，惟释七篇。此后赵注独行，而外篇遂废。后人或以为惜，但吾侪颇信邠卿鉴别力不谬，其排

199

怎样学习文言文

斥外篇，不使珷玞乱玉，殆可称孟子功臣。今外篇佚文，见于《法言》《盐铁论》《颜氏家训》、李善《文选注》等书有若干条，经近人辑出，诚有如邠卿所谓"不能宏深，不与内篇相似"也。至明季姚士粦所传《孟子外书》四篇，则又伪中出伪，并非汉时之旧，更不足道矣。

《孟子》之内容及其价值

孟子与荀卿，为孔门下两大师。就学派系统论，当时儒、墨、道、法四家并峙，孟子不过儒家一支流，其地位不能比老聃、墨翟，但孟子在文化史上有特别贡献者二端：

一、高唱性善主义，教人以自动的扩大人格，在哲学上及教育学上成为一种有永久价值之学说。

二、排斥功利主义，其用意虽在矫当时之弊，然在政治学社会学上最少亦代表一面真理。

其全书要点略如下：

一、哲理谈。穷究心性之体相，证成性善之旨。《告子》上下篇，《尽心》上篇，多属此类。

二、政治类。发挥民本主义，排斥国家的功利主义；提出经济上种种理想的建设。《梁惠王》上下篇，《滕文公》上篇，全部皆属此类，其余各篇亦多散见。

三、一般修养谈。多用发扬蹈厉语，提倡独立自尊的精神，排斥个人的功利主义。《滕文公》《告子》《尽心》三篇最多，余篇亦常有。

四、历史人物批评。借古人言论行事，证成自己的主义。《万章》篇最多。

五、对于他派之辩争。其主要者如后儒所称之辟杨、墨，此外如对于

附录三 《论语》《孟子》读法

告子论性之辩难，对于许行、陈仲子之呵斥，对于法家者流政策之痛驳等皆是。

六、记孟子出处辞受及日常行事等。

右各项中，惟第四项之历史谈价值最低。因当时传说，多不可信，而孟子并非史家，其著书宗旨又不在综核古事，故凡关于此项之记载及批评，应认为孟子借事明义，不可当史读。第五项辩争之谈，双方皆持之有故言之成理，未可偏执一是。第二项之政治谈，因时代不同，其具体的制度自多不适用，然其根本精神固有永久价值。余三项价值皆极高。

读《孟子》法

读《论语》《孟子》一类书，当分两种目的：其一为修养受用，其一为学术的研究。为修养受用起见，《论语》如饭，最宜滋养；《孟子》如药，最宜祓除及兴奋。读《孟子》，第一，宜观其砥砺廉隅，崇尚名节，进退辞受取与之间竣立防闲，如此然后可以自守而不至堕落。第二，宜观其气象博大，独往独来，光明俊伟，绝无藏闪。能常常诵习体会，人格自然扩大。第三，宜观其意志坚强，百折不回。服膺书中语，对于环境之压迫，可以增加抵抗力。第四，宜观其修养下手工夫简易直捷，无后儒所言支离、玄渺之二病。要之，《孟子》为修养最适当之书，于今日青年尤为相宜。学者宜摘取其中精要语熟诵，或钞出常常阅览，使其精神深入我之"下意识"中，则一生做人基础可以稳固，而且日日向上，至老不衰矣。

学术的研究，方面极多，宜各随兴味所注，分项精求。惟每研究一项，必须对于本书所言彻头彻尾理会一番，且须对于他书有关系的资料博为搜采参核。试举数例：

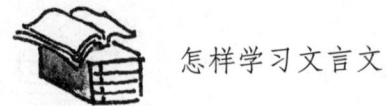
怎样学习文言文

一、如欲研究孟子哲学，必须先将书中所谓性、所谓心、所谓情、所谓才、所谓义、所谓理……种种名词，仔细推敲，求得其正确之意义。复又须贯通全书，求得某几点为其宗旨之主脑，然后推寻其条理所由衍出。又须将别派学说与之对照研究，如《荀子》《春秋繁露》等书，观其所自立说，及批驳《孟子》者何如。

二、欲研究孟子之政治论，宜先提絜出几个大纲领——例如民本主义、统一主义、非功利主义等等，观其主张之一贯。又须熟察时代背景，遍观反对派学说，再下公正的批评。

三、孟子辟异端，我辈不必随声附和，然可从书中发现许多"异端"的学说，例如杨朱、许行、宋牼、陈仲子、子莫、白圭、告子、淳于髡等，其书皆不传，且有并姓名亦不见于他书者。从《孟子》书中将其学说撮拾研究，便是古代学术史绝好资料。

四、将本书所载孟子所见之人、所历之地及其行事言论钩稽排比，可以作一篇极翔实的孟子小传。

以上不过略举数例，学者如有研究兴味，则方面尚多，在各人自择而已。

《孟子》之注释书及关系书

最古之《孟子》注释书为东汉赵岐之《孟子章句》，且每章缀以章指，其书现存。全文见焦循《孟子正义》中，今不另举。

一、宋朱熹《孟子集注》。

性质及价值皆同《论语集注》。

二、清焦循《孟子正义》。

附录三 《论语》《孟子》读法

考证最精审,且能发明大义,现行各注疏未有其比。

三、清戴震《孟子字义疏证》。

此书乃戴氏发表自己哲学意见之作,并非专为解释《孟子》。但研究孟子哲学,自应以此为极要之参考品。

四、清陈澧《东塾读书记》内《孟子》之卷。

此卷将《孟子》全书拆散而比观之,所发明不少,其治学方法最可学。

五、清崔述《孟子事实录》。

此书为极谨严孟子小传。

以上说《孟子》竟。

附论《大学》《中庸》

《大学》《中庸》本《小戴礼记》中之两篇。《礼记》为七十子后学者所记,其著作年代,或在战国末或在西汉不等,其价值本远在《论》《孟》下。自宋程正叔抽出此二篇特别提倡,朱晦庵乃创为四子书之名,其次序:一《大学》,二《论语》,三《孟子》,四《中庸》。于是近七八百年来,此二篇之地位骤高,几驾群经而上之。斯大奇矣!

区区《大学》一篇,本不知谁氏作,而朱晦庵以意分为经、传两项。其言曰:"经一章,盖孔子之言而曾子述之。传十章,则曾子之意而门人记之。"然而皆属意度,羌无实证。晦庵又因其书有与自己理想不尽合者,乃指为有错简,以意颠倒其次序;又指为有脱漏,而自作《补格致传》一章。此甚非学者态度所宜出也。而明清两朝,非惟以《大学》侪诸经,且几将朱氏《补传》与孔子之言同视矣。中间王阳明主张"《大学》古本",对于朱氏所改所补而倡异议,然重视《大学》之观念,迄未稍变。惟清初有陈

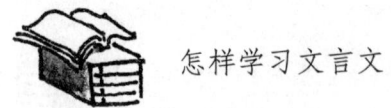
怎样学习文言文

乾初（确）者，著《大学辨》一篇，力言此书非孔子、曾子作，且谓其"专言知不言行，与孔门教法相戾"。此论甫出，攻击蜂起，共指为非圣无法，后亦无人过问。自此书列于《四书》之首，其篇中"致知格物"四字，惹起无数异说，辨难之作，可汗十牛，然以此为孔子教人入德之门，非求得其说不可。由吾侪观之，此篇不过秦、汉间一儒生之言，原不值如此之尊重而固守也。

《中庸》篇，朱晦庵谓"子思作之以授孟子"，其言亦无据。篇中有一章袭孟子语而略有改窜。据崔东壁所考证，则其书决出孟子后也。此篇论心论性，精语颇多，在哲学史上极有价值。

要而论之，《大学》《中庸》不失为儒门两篇名著，读之甚有益于修养，且既已人人诵习垂千年，形成国民常识一部分，故今之学者，亦不可以不一读。但不必尊仰太过，反失其相当之位置耳。

附论《孝经》

《孝经》自汉以来，已与《论语》平视，今且列为"十三经"之一，共传"孔子志在《春秋》，行在《孝经》"，以为孔子手著书即此两种。其实此二语出自纬书，纯属汉人附会。"经"之名，孔子时并未曾有，专就命名论，已足征其妄。其书发端云："仲尼居，曾子侍。"安有孔子著书而作此称谓耶？书中文义皆极肤浅，置诸《戴记》四十九篇中犹为下乘，虽不读可也。

附论其他关于孔子之记载书

记载孔子言论行事之书惟《论语》为最可信，其他先秦诸子所记，宜

附录三 《论语》《孟子》读法

以极严冷谨慎之态度观之。盖凡一伟大人物，必有无数神话集于其身，不可不察也。今传《孔子家语》、《孔丛子》两书，皆晋人伪作，万不可读。有《孔子集语》一书，乃宋人采集群书言孔子事者，大半诬孔子而已。学者诚诵法孔子，则一部《论语》终身受用不尽，"岂买菜也，而求添乎"？

以上附论竟。